房地产实战营销丛书

EASY TO LEARN
BASIC KNOWLEDGE
OF REAL ESTATE

房地产基础知识
轻松学

余源鹏 / 主编

机械工业出版社
CHINA MACHINE PRESS

本书提炼总结了重要、常见、实用的房地产基础知识，包括房地产和房地产业、土地及其产权、房屋及其产权、房地产规划、房地产建筑工程、房地产开发流程、房地产交易、房地产贷款和保险、房地产价格、房地产市场营销10章。

本书知识系统全面，内容简洁，表述简明扼要，并配合相关图表进行阐述，适合读者休闲阅读，轻松学习，系统掌握房地产基础知识。

本书可供房地产相关人员、房地产专业师生及对房地产感兴趣的大众读者学习和查阅。

图书在版编目（CIP）数据

房地产基础知识轻松学 / 余源鹏主编. —北京：机械工业出版社，2019.12（2024.6重印）

（房地产实战营销丛书）

ISBN 978-7-111-64048-6

Ⅰ.①房… Ⅱ.①余… Ⅲ.①房地产—基本知识 Ⅳ.①F293.3

中国版本图书馆CIP数据核字（2019）第243104号

机械工业出版社（北京市百万庄大街22号　邮政编码100037）
策划编辑：赵　荣　责任编辑：赵　荣　刘　晨
责任校对：李　玮　封面设计：鞠　杨
责任印制：孙　炜
北京新华印刷有限公司印刷
2024年6月第1版第5次印刷
148mm×210mm·8.25印张·203千字
标准书号：ISBN 978-7-111-64048-6
定价：39.00元

电话服务　　　　　　　　　网络服务
客服电话：010-88361066　　机 工 官 网：www.cmpbook.com
　　　　　010-88379833　　机 工 官 博：weibo.com/cmp1952
　　　　　010-68326294　　金 书 网：www.golden-book.com
封底无防伪标均为盗版　机工教育服务网：www.cmpedu.com

本书编写人员

主　　编： 余源鹏

策划顾问： 广州市智南投资咨询有限公司

参编人员：

陈秀玲	黄佳萍	朱嘉蕾	李惠东	陈　铠
林煜嘉	杨秀梅	黎淑娟	陈思雅	梁嘉恩
方坤霞	魏玲玲	张家进	唐璟怡	蔡燕珊
陈若兰	黄　颖	陈晓冬	罗慧敏	谭玉婵
余鑫泉	刘雁玲	肖文敏	黎敏慧	郑敏珠
夏　庆	杜志杰	马新芸	林旭生	刘丹霞
曾秀丰	聂翠萍	段　萍	崔美珍	陈小哲
徐炎银	林敏玲	胡银辉	蒋祥初	吴东平
莫润冰	罗　艳	黄志英	李苑茹	奚　艳
张　纯	齐　宇	王旭丹	罗宇玉	邓祝庆
林达愿	何彤欣	刘俊琼	罗鹏诗	杨逸婷
吴丽锋	叶志兴	谭嘉媚		

前言

　　无论是房地产行业的相关从业人士，还是投资购房置业人士、房地产拥有者等，房地产几乎跟每个人的工作或生活都有或多或少的关系。特别是与房地产相关的策划、规划设计、开发报建、工程管理、销售、咨询、经纪人员等从业人员，都需要了解房地产基础知识。

　　由我们编写的《房地产基础知识》一书自面市以来，备受广大房地产从业人士的追捧，连年位居房地产类图书的销售前列。与这本书不同的是，为了适应读者在繁忙工作之余的休闲轻松阅读，我们提炼总结了重要、常见、实用的房地产基础知识，编写了这本《房地产基础知识轻松学》。

　　本书层次结构一目了然，所涉及的房地产基础知识更加系统全面，在编写内容上更加简洁，表述更加简明扼要，并配合相关图表进行阐述，适合读者休闲阅读，轻松学习，系统掌握房地产基础知识。

　　本书共用 10 章的内容全面讲述了房地产的基础知识，这 10 章的内容包括：

　　第 1 章，房地产和房地产业。主要讲述房地产、房地产业、房地产开发、房地产市场、商业地产和其他常见房地产类型等基础知识。

第2章，土地及其产权。主要讲述土地权利和土地制度、土地使用权获取、土地储备和土地开发、土地市场、土地价格、土地征用和土地征收等基础知识。

第3章，房屋及其产权。主要讲述常见房屋类型、房屋征收和拆迁、房屋产权等基础知识。

第4章，房地产规划。主要讲述城市规划、居住区规划、居住区道路规划、居住区公共服务设施规划、居住区规划经济技术指标等基础知识。

第5章，房地产建筑工程。主要讲述房屋建筑、住宅建筑、建筑结构、建筑建造方式、建筑构造、房屋建筑图、房屋面积、建筑设备和建筑材料等基础知识。

第6章，房地产开发流程。主要讲述房地产开发基本流程、房地产开发企业设立、国有土地使用权获取、房地产项目立项和可行性研究、房地产项目规划设计、建设工程施工、商品房预售、竣工验收与交付使用、产权登记、物业管理等基础知识。

第7章，房地产交易。主要讲述房地产交易相关合同、房地产交易税费、房地产中介服务和房屋租赁等基础知识。

第8章，房地产贷款和保险。主要讲述房地产贷款及其分类、个人住房贷款、房地产保险等基础知识。

第9章，房地产价格。主要讲述常见房地产价格类型、房地产价格影响因素、房地产价格评估方法、房地产价格策略等基础知识。

第10章，房地产市场营销。主要讲述市场营销、房地产市场调查与细分、房地产项目定位、房地产销售策略、房地产广告等基础知识。

本书的编写具有以下五个特点：

第一，简明易懂性。本书内容简洁，表述简明扼要，在语言表达上尽量做到通俗易懂，并配合相关图表进行阐述，便于读者利用闲暇时间阅读。

第二，工具性。本书脉络清晰，层次结构一目了然，便于读者快速在书中对应章节查阅相应的内容进行参考借鉴。

第三，实操性。本书一如既往地保持我们编写房地产图书的实战性风格，提炼总结了常见、实用、重要的房地产基础知识。

第四，全面性。本书的内容涵盖了地产、房产、规划、建筑、开发流程、交易、市场营销等，内容详尽。

第五，时效性。本书的内容以新政策与相关的法律法规为基础，希望可以给读者带来有用的参考价值。

本书特别适合房地产项目策划、规划设计、开发报建、工程管理、销售、管理、咨询、估价、中介经纪人员以及财务、行政人事等房地产相关从业人士在日常工作中学习和查阅，是一本内容详尽、使用便捷的工具书。

　　本书也是广大房地产投资购房置业人士了解房地产知识的置业指导手册；还可以作为房地产经纪人员参加职业资格考试的参考用书。同时，本书还十分适合房地产政策研究机构和政府相关行政主管部门的人士阅读。

　　另外，本书还可作为房地产相关专业师生的优秀教材，可作为房地产公司新进员工的培训手册和工作指导书，以及有意进入房地产行业工作的读者自学阅读。

　　本书的编写得到了广州市智南投资咨询有限公司相关同仁以及业内部分专业人士的支持和帮助。本书是我们编写的"房地产实战营销丛书"中的一本，有关房地产营销各环节的实战性知识，请读者参阅我们陆续编写出版的其他书籍，也请广大读者对我们所编写的书籍提出宝贵建议和指正意见。

编者

目录

第1章　房地产和房地产业

1.1 房地产、物业和不动产

1. 房地产概念

房地产具体是指土地、建筑物及其地上的附着物，包括物质实体和依托于物质实体上的权益。房地产由于其固定不可移动性又被称为不动产，是房产与地产的总称，是房屋和土地的社会经济形态，是房屋和土地作为一种财产的总称，英文为 Real Estate。一套住房、一个店铺、一间办公用房、一栋办公楼、一座商场、一幢厂房、一个仓库、一块建设用地等房屋和土地，都是房地产。

（1）土地

土地是一种有限的自然资源，是由气候、地貌、岩石、土壤植物和水文组成的一个独立的自然综合体。从管理和利用的角度来看，土地就是国土，是一个国家所有的地球上的陆地和水域及其向上或向下的空间。

（2）建筑物

建筑物包括房屋和构筑物，是指用建筑材料构筑的空间和实体。

房屋一般是指上有屋顶，周围有墙，能防风避雨，御寒保温，供人们在其中工作、生活、学习、娱乐和储藏物资，并具有固定基础，层高一般在 2.2m 以上的永久性住所。但根据某些地方的生活习惯，可供人们常年居住的窑洞、竹楼等也应包括在内。

构筑物是指人们一般不直接在其内部进行生活和生产活动的工程实体或附属建筑设施，如烟囱、水塔、室外泳池等。

（3）地上附着物

地上附着物是指附着或结合在土地或建筑物上不可分离的部分，从而成为土地或建筑物的组成部分或从物，例如建造在地上的围墙、建筑小品、水池，种植在地里的树木，埋设在地下的管线、设施等。

2. 物业概念

物业是指已建成并具有使用功能和经济效用的各类供居住和非居住的屋宇及与之相配套的设备，市政、公用设施，屋宇所在的建筑地块与附属的场地、庭院。物业根据其用途可分为住宅、写字楼、商场、酒店旅馆、工业厂房等。

3. 不动产概念

不动产是指土地及附着在土地上的人工建筑物和房屋，以及其附带的各种权益。房地产由于其位置固定，不可移动，通常又被称为不动产。

4. 房地产、物业和不动产比较

房地产、物业和不动产三者之间的区别具体见表 1-1。

表 1-1 房地产、物业和不动产之间的区别

比较对象	称谓领域	适用范围	概念外延
房地产	经济法和行政法及商事实务中较常用的称谓	一个国家、地区或城市所拥有的房产和地产，如"房地产业""房地产体制改革"	包括房地产的投资开发、建造、销售、售后管理等整个过程
物业	房地产领域中单元性的房地产概念的别称	一个单项的"物业"单位（如单项的房产、地产）或一个独立的房地产公司（也称"物业公司"）	有时也可以用来指某项具体的房地产，但只是指房地产的交易、售后服务这一使用阶段或区域
不动产	民法惯常使用的词汇	侧重于表明这种财产具有不可移动这一独特属性	—

1.2 房地产业

1. 房地产业概念

房地产业是以土地和建筑物为经营对象，从事房地产开发、建设、经营、管理以及维修、装饰和服务的集多种经济活动为一体的综合性产业，属于第三产业，是具有先导性、基础性、带动性和风险性的产业。

2. 房地产业类型

房地产业的分类具体见表1-2。

表 1-2 房地产业的分类

分类			具体内容
房地产投资开发业			房地产投资开发是指除了取得土地、建造房屋，然后预售或出售新建的房屋这种方式外，还有购买房屋后出租，购买房屋后出租一段时间再转卖，或者购买房屋后待一段时间再转卖；开发也不仅仅是建造新房屋，还有把土地变为建设熟地之后出售，有对旧房屋进行装修改造，另外还有接手在建工程后继续开发等
房地产服务业	房地产中介服务业	房地产咨询	房地产咨询是指为有关房地产活动的当事人提供法律法规、政策、信息、技术等方面服务的经营活动，如房地产市场调查研究、房地产开发项目可行性研究、房地产开发项目策划等
		房地产价格评估	房地产价格评估是指以房地产为对象，由专业估价人员，根据估价目的，遵循估价原则，按照估价程序，选用适宜的估价方法，并在综合分析影响房地产价格因素的基础上，对房地产在估价时点的客观合理价格或者价值进行估算和判定的活动
		房地产经纪	房地产经纪是指向进行房地产投资开发、转让、抵押、租赁的当事人提供房地产居间介绍、代理和经纪的经营活动。目前，房地产经纪主要包括代理新旧房买卖、租赁等业务
	物业管理		物业管理是指业主通过选聘物业服务企业，由业主和物业服务企业按照物业服务合同约定，对房屋及配套的设施设备和相关场地进行维修、养护、管理，维护物业管理区域内的环境卫生和相关秩序的活动

1.3　房地产开发

1. 房地产开发概念

房地产开发是指在依法取得国有土地使用权的土地上进行基础设施、房屋建设的行为。它包括从房屋定点选址到交付使用的全过程，由征地与拆迁安置、规划设施、供水、排水、供电、通信、通道路、绿化、房屋建设等多项内容组成。房地产开发具有投入资金大、投资风险大、收益高、附加值高、产业关联性强的特点。

2. 房地产开发类型

房地产开发按其业务侧重的不同、物业用途的不同等分类方式可以分为不同的开发类型，具体见表 1-3。

表 1-3　房地产开发类型

分类方式	开发类型	具体内容
按业务侧重的不同	从事城市房地产开发和交易的，即所谓的房地产开发	指在依法取得国有土地使用权的土地上进行基础设施、房屋建设的行为；所谓房地产交易，包括房地产转让、房地产抵押和房屋租赁
	从事开发经营成片土地的，简称成片开发	指在依法取得国有土地使用权后，依照规划对土地进行综合性的开发建设，形成工业用地和其他建设用地条件，然后转让土地使用权或者转让、出租地面建筑物
按物业用途的不同	居住物业	一般是指供人们生活居住的建筑，包括普通住宅、公寓、别墅等。购买者大都是以满足自用为目的
	商业物业	也称收益性物业或投资性物业，包括酒店、写字楼、商场、商住楼等。购买者大都是以投资为目的，靠物业出租经营的收入来回收投资并赚取投资收益
	工业物业	通常是为人们的生产活动提供入住空间，包括重工业厂房、轻工业厂房和高新技术产业用房、研究与发展用房、仓储用房等

（续）

分类方式	开发类型	具体内容
按物业用途的不同	特殊物业	如赛马场、高尔夫球场、汽车加油站、飞机场、车站、码头、高速公路、桥梁、隧道等物业。特殊物业经营的内容通常得到政府的特殊许可。特殊物业的市场交易较少，因此对这类物业的投资多属于长期投资，投资者靠日常经营活动的收益来回收投资、赚取投资收益

3. 房地产开发相关参与者

（1）房地产开发企业

房地产开发企业是以房地产开发经营为主体的企业，它们通过实施开发过程而获取利润。根据各企业资本的多少，国家又把开发企业划分为不同的等级资质进行管理。

（2）承建商

承建商也称建造商，是指负责建设房地产项目的市政工程、基础工程及土建装修工程的建筑企业。

（3）代理商

狭义且日常所指的代理商也称为销售代理商，是指负责销售策划和销售具体工作并以此赚取佣金的房地产中介机构。

广义的代理商是指经政府批准成立，从事房地产的咨询、经纪、评估等业务的中介服务机构，接受委托，提供房地产的出售、购买、出租、承租及物业咨询评估、销售等有偿服务。

4. 房地产开发相关法律法规

（1）房地产开发法律

房地产开发法律是国家制定或认可的用于调整房地产开发活动中相关关系的法律规范的总称，由全国人民代表大会或常务委员会制定和发布，在整个房地产开发法律体系中居于最高地位，主要包括《中华人民共和国城市房地产管理法》《中华人民共和国土地管理法》等。

（2）房地产开发法规

房地产开发法规包括房地产开发行政法规和房地产开发地方法规。房地产开发法规在整个房地产开发法律体系中仅次于法律。

房地产开发行政法规由国务院以"条例"的形式制定和颁布，主要用于具体贯彻房地产开发法律。房地产开发行政法规主要包括《城市房地产开发经营管理条例》《国有土地上房屋征收与补偿条例》等。

房地产地方性法规由各省、自治区、直辖市、省会市和国务院批准的较大城市人民代表大会及其常务委员会制定，也是房地产开发法律体系中房地产开发法规这一层次中不可缺少的主要组成部分，如《广东省房地产开发经营管理条例》《上海市物业管理条例》等。

（3）房地产开发规章

房地产开发规章的制定与房地产开发法规的制定是密切联系的，法规颁布后，就需要有一些规章作"细则"，以便于法规的实施。房地产开发规章包括房地产开发行政规章和房地产开发地方性规章，在法律效力上次于房地产开发法规。

房地产行政规章由国务院所属的部委以"办法"和"规定"的形式制定和颁布，起实施细则的作用，如《商品房销售管理办法》《房地产开发企业资质管理规定》等。

房地产开发地方性规章由各省、自治区、直辖市、省会市和国务院批准的较大城市人民政府制定，如《广东省土地管理实施办法》等，也是房地产开发法律体系中不可缺少的组成部分。

（4）房地产开发其他相关法规

在房地产开发过程中会涉及其他相关的法律规范，这对规范房地产开发活动起着重要的补充作用，如《合同法》《公司法》等。

以立法层次划分的房地产法律体系，还包括最高人民法院对房地产开发过程中存在问题所做的一些司法解释，如《最高人民法院关于审理物业服务纠纷案件具体应用法律若干问题的解释》《最高人民法院关于审理城镇房屋租赁合同纠纷案件具体应用法律若干问题的解释》等。

1.4 房地产市场

1. 房地产市场概念

房地产市场是指所交易的商品是房地产或以房地产为交易对象的市场，是对包括土地的出让、转让、抵押、开发，房地产买卖、租赁、转让、互换、抵押、信托，以及一些与房地产有关的开发、建筑、修缮、装饰等劳务活动有各自特定需求并参与其中的全部单位或个人的总和。

房地产市场既可以是有形的，也可以是无形的。有形的房地产市场是指看得到的集中进行房地产交易的固定场所，如某个城市或区的"房地产交易市场""房地产交易大厅"。无形的房地产市场是指通过看不见的网络、电话沟通进行的房地产交易。

2. 房地产市场相关参与者

（1）房地产交易双方

房地产交易双方是指房地产的供给者和需求者。

1）房地产供给者。房地产供给者包括房地产出售人和出租人，可分为房地产开发企业和房地产拥有者两大类。房地产拥有者又可分为存量房拥有者和土地拥有者。

2）房地产需求者。房地产需求者也称为房地产消费者，可根据房地产需求的不同分为不同类型。例如，住房需求可分为购房需求和租房需求，相应地可将住房需求者分为购房者和租房者，根据购买房地产的目的或动机，房地产需求分为自用性需求、投资性需求和保值需求等。

（2）专业服务机构

1）房地产经纪机构。房地产经纪机构是房地产交易的"中间商"，为房地产交易者提供房源、客源、价格等信息及代办房地产贷款、不动产转移登记、抵押登记等手续。

2）金融机构。房地产交易金额较大，需要金融机构提供贷款、交易资金监管、结算等服务。如商业银行和住房公积金中心可为住房购买人提供"个人住房贷款"。

3）房地产估价机构。房地产估价机构在房地产买卖以及相关的抵押贷款、交易税收等活动中提供房地产价值或价格评估服务。例如，在申请房地产抵押贷款时，出具房地产抵押评估报告，为商业银行、住房公积金中心等确定贷款额度提供参考依据。

4）公证机构。公证机构是依法设立，不以营利为目的，依法独立行使公证职能、承担民事责任的证明机构。房地产交易中有非房地产权利人亲自办理的委托、监护、继承等情形，通常需要有关当事人到公证处办理相关公证。

5）律师事务所。律师事务所可以提供相关法律咨询和服务，如在房地产买卖、抵押时，需要律师对相关合同和文件进行把关，避免出现法律问题或发生交易纠纷。

（3）房地产市场管理者

1）房地产管理部门。房地产管理部门主要负责房地产交易、经纪等活动的监督管理，包括住房和城乡建设部和地方房地产管理部门。

2）房地产行业组织。房地产行业组织是房地产企业和从业人员的自律性组织，依照法律、法规和章程实行自律管理，房地产行业组织有以房地产开发为主的，有以房地产中介服务为主的，有以物业管理为主的，分为全国性行业组织和地方性行业组织。

3. 房地产市场类型

（1）房地产一级市场、二级市场和三级市场

1）房地产一级市场。房地产一级市场也称为土地一级市场，是指国家土地管理部门按土地供应计划，采用协议、招标、拍卖的方式，以土地使用合同的形式，将土地使用权以一定的年限、规定的用途及一定的价格出让给房地产开发企业或其他土地使用者所形成的市场。

房地产一级市场又称国家级市场，其主体（卖家）是代表国家的房地产管理部门。一级市场由国家控制经营，以利于国家对房地产市场的宏观调控。

2）房地产二级市场。房地产二级市场是房地产开发市场，其经营主体为房地产开发企业，其经营内容是按照城市总体规划和小区建设规划，对土地进行初级开发和再次开发，然后将开发出来的房地产出售给用地、用房单位或个人。房地产二级市场一般是指商品房首次进入流通领域进行交易而形成的市场，包括土地二级市场，即土地使用者将达到规定可以转让的土地，进入流通领域进行交易的市场。房地产二级市场具体对商品房来说就是商品房的一手市场。

3）房地产三级市场。房地产三级市场是指在房地产二级市场的基础上再转让或出租的房地产交易，是单位、个人之间的房地产产权转让、抵押、租赁的市场。它是在二级市场基础上的第二次或多次转让房地产交易活动的市场。如私房出租、出售等就是三级市场行为。

房地产三种市场的比较具体见表 1-4。

表 1-4　房地产三种市场比较

市场级别	主体	特点	内容	方式
一级市场	国家和地方政府	垄断性	整体规划设计用途，征地、招标投标底价	招标、拍卖、挂牌
二级市场	房地产开发企业	竞争性	综合开发	出卖、出租已开发土地或连同其建筑物
三级市场	用户	竞争性	房地产转让	转让或出租土地或连同其建筑物

（2）新房市场和二手房市场

1）新房市场。新房市场也称为增量房市场、一手房市场，包括新建商品房市场。

2）二手房市场。二手房市场也称为存量房市场，包括存量住房市场。随着房地产市场发展成熟，许多一线城市的存量住房成交量超过新建商品住房成交量，逐渐从新房市场转向存量房市场。

（3）卖方市场和买方市场

1）卖方市场。卖方市场是房地产供不应求，卖方处于有利地位并对价格起主导作用的市场。

2）买方市场。买方市场是房地产供大于求，买方处于有利地位并对价格起主导作用的市场。随着房地产市场发展成熟，房地产市场总体上由卖方市场转变为买方市场。

（4）买卖市场和租赁市场

按房地产交易方式，房地产市场分为买卖市场和租赁市场。住房、商铺、办公用房等房地产，同时存在着买卖市场和租赁市场，有时租赁市场比买卖市场还要活跃，交易量还要大。随着大力培养和发展住房租赁市场、建立租购并举的住房制度，住房市场会从购买为主转向租购并举。

（5）其他房地产市场分类

1）按房地产用途（功能），房地产市场分为居住房地产市场和非居住房地产市场。居住房地产市场主要是住房市场。非居住房地产市场又可分为商业用房市场、办公用房市场、工业用房市场等。

2）按房地产市场所处时间，房地产市场分为过去的市场、现在的市场和未来的市场。

3）按区域范围，房地产市场分为区域房地产市场和整体房地产市场。具体可分为某个城市、某个地区或者全国房地产市场。整体市场和区域市场是相对而言的，如某个城市房地产市场，相对于全国房地产市场来说是区域房地产市场，相对于该城市内部不同区域房地产市场来说则是整体房地产市场。

4. 房地产市场调控

房地产市场调控是指为促进房地产市场平稳健康发展、拉动经济增长或抑制经济过热，防范化解风险等，中央和地方政府出台相关调控政策措施，对房地产市场进行干预。房地产市场调控政策可分为金融、税收、土地供应、住房保障等政策措施。

（1）房地产金融政策

1）收紧或放松个人住房贷款，如对新增个人住房贷款规模、房地产贷款所占比例实施管控或放开。

2）提高或降低个人住房贷款最低首付款比例、贷款利率、最高贷款额度，延长或缩短最长贷款期限。

3）实施差别化住房信贷政策，如区分首套住房贷款和第二套（及以上）住房贷款的最低首付款比例和贷款利率。

（2）**房地产税收政策**

1）加大房地产交易环节税收（如增值税、契税、所得税）或给予房地产交易环节税收优惠，如提高或下调住房转让增值税免征年限。

2）增加房地产持有环节税负，如对个人住房开征房地产税等。

（3）**土地供应政策**

1）增加或减少土地供应规模，如增加住房用地供应总量，严控新增土地供应指标。

2）调整土地供应结构或比例（包括调整商品住房用地和保障性住房用地比例、高档商品住房用地和普通商品住房用地比例），如提高中小套型普通商品住房用地供应比例。

3）提高或降低出让地价水平，如采取"限房价、竞地价""限地价、竞保障性住房面积""限地价、竞房价"，设定土地出让最高报价等方式控制地价水平。

4）利用集体建设用地建设租赁住房等。

（4）**住房保障政策**

调整商品住房和保障性住房供应比例，增加或减少保障性住房建设等。

（5）**限购政策**

包括限购区域范围、限购住房类型、购房资格条件、限购套数等，如提高或降低非本地居民在购房所在地的个人所得税或社会保险缴纳年限等购房资格条件。

1.5 商业地产

1. 商业地产及其分类

商业地产是商业房地产的简称，又称商业物业，国外的普遍叫法是零售不动产，它兼有地产、商业、投资三方面的特性，既区别于单纯的投资和商业，又有别于传统意义上的房地产行业。

商业地产的功能多样化，既有能满足市民购物、饮食、娱乐、休闲等需求的社会功能，又有能满足商家经营、商务活动、市民投资等需要的经济功能。

从广义上讲，商业地产是指用于各种零售、餐饮、娱乐、健身、休闲、文化交流等经营用途的房地产形式，从经营模式、功能和用途上区别于普通住宅、公寓、别墅、工业地产、旅游地产、物流园区等房地产形式。酒店、写字楼、专业市场都属于广义商业地产的范畴。其物业类型主要包括商业街、购物中心、商场、专业市场、住宅底商、商铺、写字楼、酒店等。

按照不同的划分方式，商业地产可以分为不同的类型，具体见表 1-5。

表 1-5　商业地产分类

分类方法	种类	说明
按行业类别	零售功能商业地产	以商品零售为主要功能，通常规模比较大，比如百货商场、商业街、购物中心等
	娱乐功能商业地产	以娱乐为主要功能，通常和其他类型的商业地产融合发展，比如电影城、娱乐城、KTV 等
	餐饮功能商业地产	以餐饮为主要功能，呈现独体和融合发展的特点，比如大型饭庄、快餐小吃、冷饮店等

（续）

分类方法	种类	说明
按行业类别	健身服务及休闲功能商业地产	以健身休闲为主，比如健身中心、美容院等
	商品批发商业地产	以商品批发为主要功能，为 B2B 商品集散地，比如各种专业市场、商贸城等
	居住以及办公用商业地产	为人们提供办公场所和居住场所的写字楼物业和服务型公寓，比如写字楼、酒店式公寓等
按所处位置	市中心商业区	位于城市规划的中心商业区或历史形成的商业集聚地。其功能定位为购物、文化、娱乐、休闲、旅游并与金融、商务结合
	区域商业中心	位于商务集聚地、公共交通集散地周边。其功能定位为购物、文化娱乐、休闲
	居住区商业	位于人流集中、交通便利的地段。其功能定位是为居民的日常生活提供必要的服务
	街坊商业	位于街坊主要出入口居民主要途径地。其功能定位为提供日常必需商品及便利服务
	新城商业中心	位于城市规划的新城中心商业区或人流集中、交通便利的地段。其功能定位为购物、文化娱乐、休闲、旅游并与金融结合
	中心镇商业	位于人流集中地。其功能定位为购物、旅游、为农民服务
	一般镇商业	位于镇街区，农贸集散地周边。其功能定位为提供日常商品、提供生活服务与为农民服务
按物业类型	商业街商铺	以平面形式按照街的形式布置的单层或多层商业地产形式，其沿街两侧的铺面及商业楼里面的铺位都属于商业街商铺
	市场类商铺	各种用于某类或综合商品批发、零售、经营的商业楼宇中的店铺位
	社区商铺	位于住宅社区内的商用铺位，其经营对象主要是住宅社区的居民。一般位于住宅建筑底层（可以包括地下1、2层及地上1、2层或其中部分楼层），以满足居民日常生活需求为主，如便利店、药店、小餐饮店等

（续）

分类方法	种类	说明
按物业类型	百货商场/购物中心商铺	百货商场、各种购物中心里面的铺位
	商务楼/写字楼商铺	酒店、商住公寓、俱乐部、会所、展览中心、写字楼里面用于商业用途的商业空间。这类商铺的规模相对较小，但商业价值值得关注
	交通设施商铺	地铁站、火车站、飞机场等交通设施里面及周边的商铺，以及道路两侧各类中小型商铺，其经营对象以通勤、商旅客源为主
按经营方式	统一经营物业	只租不售的商业物业，以产权酒店和商务公寓采用较多
	分散经营物业	除了房地产开发企业返租之外的大部分商铺
按租售方式	出租物业	把物业建成以后形成独立的产权，只出租不出售，通过招商合作，以租金作为主要的收入来源
	销售物业	把物业建成以后形成独立的产权进行出售，实现短期投资资金回笼
	租售物业	房地产投资商和房地产开发企业把其中的部分物业出租，以便后期的资本融资；同时另一部分物业进行出售，实现部分资金回笼，减轻资金压力

2. 零售业态和零售业种

（1）零售业态

从事零售活动的基本单位和具体场所是商店，而商店依据销售形式不同又区分出不同的经营形态，即零售业态。业态是零售店向确定的顾客群提供确定的商品和服务的具体形态，是零售活动的具体形式。通俗地讲，业态是指零售店卖给谁、卖什么和如何卖的具体经营形式。

（2）零售业种

业种即经营的品种。狭义的业种是指经营的商品品种，面向顾客某类用途的商店营业种类。广义的业种是指所涉及的行业和服务，特征是卖什么或提供什么服务。

业种可分为以下几种类型：

1）食品、饮料、烟草零售业。

2）日用百货零售业。

3）纺织品、服装、鞋帽零售业。

4）日用杂品零售业。

5）五金、交电、化工零售业。

6）药品及医疗器械零售业。

7）图书报刊零售业。

8）其他零售业（包括家具零售业、汽车、摩托车及其零配件零售业、计算机及软件、办公设备零售业等）。

3. 零售业态类型

美国把零售业态分为百货店、超级市场、折扣店、一般商品店、服装专卖店、仓库俱乐部、药店、方便店、杂货店等九类。日本对零售业态的分类与美国基本相同，但增加了自动售货机、邮购以及无店铺销售形式。我国把零售业态分为四大类，即百货商店、超级市场、专业（专卖）店和其他，具体见表1-6。

表1-6　零售业态类型及特点

主要类型	业态特征	选址	商品特点	目标顾客
百货商店	在一个大建筑物内，根据不同商品部门设销售区，开展进货、管理、运营，满足顾客对时尚商品多样化选择需求的零售业态	城市繁华区、交通要道	商店规模大，以经营男装、女装、儿童服装、服饰、衣料、家庭用品为主，种类齐全、少批量、高毛利	中高档消费者和追求时尚的年轻人

（续）

主要类型	业态特征	选址	商品特点	目标顾客
超级市场	采取自选销售方式，以销售食品、生鲜食品、副食品和生活用品为主，满足顾客每日生活需求的零售业态	居民区、交通要道、商业区	以购买频率高的商品为主，种类繁多，毛利低，销量高	居民
专业店	经营某一大类商品为主，并且具备丰富专业知识的销售人员和提供适当售后服务的零售业态	繁华商业区、商业街或百货店、购物中心内	以某类商品为主，经营的商品具有自己的特色，一般为高利润	多为流动顾客，主要满足消费者对某类商品的选择性需求
专卖店	专门经营或授权经营制造商品牌和中间商品牌的零售业态	繁华商业区、商店街或百货店、购物中心内	以企业品牌为主，销售体现少、质优、高毛利	以中青年为主
便利店	满足顾客便利性需求为主要目的的零售业态	居民住宅区、主干线公路边以及车站、医院、娱乐场所、机关、团体、企事业所在地	商品有即时消费性、小容量、应急性等特点。商品价格略高于一般零售业态的商品价格	居民、单身者、年轻人，80%的顾客为有目的的购买
大型综合超市	采取自选销售方式，以销售大众化实用品为主，并将超级市场和折扣商店的经营优势合为一体的、满足顾客一次性购全的零售业态	城乡接合部、住宅区、交通要道	采取自选销售方式和连锁经营方式，商品构成以衣、食、日用品为主，重视本企业的品牌开发	购物频率高的居民

（续）

主要类型	业态特征	选址	商品特点	目标顾客
仓储商店	在大型综合超市经营的商品基础上，筛选大众化实用品销售，并实行储销一体、以提供有限服务和低价格商品为主要特征的、采取自选方式销售的零售业态	公路边、交通要道和利用闲置设施	商品构成以新开发上市的商品为主力商品，自有品牌占相当部分，每天都以较低价格销售全部商品，经营同其他零售业态能进行价格比较的、知名度、普及率都较高的商标商品或价格一般被众所周知的商品	面向广大的工薪阶层服务
家居中心	以与改善、建设家庭居住环境有关的装饰、装修等用品、日用杂品、技术及服务为主的，采取自选方式销售的零售业态	城乡接合部、公路边、交通要道或消费者自有房产比率较高的地区	商品构成主要以房屋修缮和室内装修、装饰品、园艺品、宠物食品、室内外用品、洗涤剂及杂品等	对房屋装修装饰有需求的顾客

4.商圈和商圈构成

商圈是指商店以其所在地点为中心，沿着一定的方向和距离扩展，吸引顾客的辐射范围，简单地说，也就是来店顾客所居住的区域范围。无论大商场还是小商店，它们的销售总是有一定的地理范围。这个地理范围就是以商场为中心，向四周辐射至可能来店购买的消费者所居住的地点。商圈由主圈、次圈和边圈三部分组成。

（1）主圈

主圈即主要商圈，也称第一商圈或核心商圈，是指最接近商店的区域。在主要商圈内，消费者去商店购物最为方便。一般情况下，百货商店 65% 左右的顾客来自主要商圈。

（2）次圈

次圈即次要商圈，也称第二商圈，是指位于主要商圈外围的次要区域。在这一区域内，顾客较为分散，但消费者来店购买商品也较为方便，在次要商圈内聚集着百货商店 25% 左右的顾客。

（3）边圈

边圈即边缘商圈，也称第三商圈，是指位于次要商圈以外的区域。在边缘商圈内，散居着百货商店 10% 左右的顾客，在该区域的消费者来商店购买商品不太方便。

商圈受各种因素的影响，其范围和形态是会经常变化的。一般情况下，商圈形态表现多为各种不规则的多角型，为便于研究分析，一般将商圈抽象地视为以商店为中心向外辐射的圆心圈型。

5. 商圈分析考虑因素

商圈分析是指对商圈的构成、特点和影响商圈规模变化的各种因素进行综合性的研究。进行商圈分析需要考虑的因素主要包括：

（1）人口数量及特点

包括居住人口数量、工作人口数量、过往人口数量、居民户数和企事业单位数，及相应人口年龄、性别、职业和收入水平构成等。

（2）建设状况

包括公共交通、供电状况、通信设备、金融机构等对于百货商店营销的方便程度。

（3）社会因素

包括地区建设规划、公共设施（公园、公共体育场所、影剧院、展览馆），以及本地区的人文等是否有利于商店的发展。

（4）商业发展潜力

包括购买潜力和现有商场的经营状况。这两个因素是对百货商店有最直接影响的因素。在对商业发展潜力进行分析时，应计算该地区的商圈饱和度，以了解这个地区内同行业是过多还是不足。在商圈饱和度低的地区建店，其成功的可能性必然超过商圈饱和度高的地区。

6. 购物中心

购物中心是由房地产开发企业规划、建设、统一管理的商业设施；拥有大型的核心店、多样化商品街和宽广的停车场，能满足消费者的购买需求与日常活动的商业场所。

其规模巨大，集购物、休闲、娱乐、饮食等于一体，包括百货店、大卖场以及众多专业连锁零售店在内的超级商业中心。由管理者统一经营管理，是一个统一高级运作的有机整体。具有长廊、广场、庭院的特点，就是在建筑物的遮蔽下，不论天气如何，都可以进行休闲、购物或聚会。而百货大楼只是针对货品进行分门别类的商店，是无法向消费者提供如漫步在长廊、广场、庭院般悠闲购物享受的空间的。

按购物中心的商场面积规模，可分为巨型 / 超级购物中心（24 万 m^2 以上）、大型购物中心（12 万 ~24 万 m^2）、中型购物中心（6 万 ~12 万 m^2）和小型购物中心（2 万 ~6 万 m^2）等类型。

按购物中心的选址地点，可分为都会型购物中心（位于市中心黄金商圈且连通地铁站）、地区型购物中心（位于市区非传统商圈，但交通便捷）、城郊型购物中心（位于城郊）、社区购物中心（位于大型居民社区内）等类型。

7. 商业街

商业街是指众多不同规模、不同类别的商店有规律地排列组合的商品交易场所，其存在形式分为带状式商业街和环型组团式商业街。它是由众多的商店、餐饮店、服务店共同组成，并且按一定结构比例规律排列，能满足人们购物、餐饮、文化、娱乐、旅游、观光等多种需求。

商业街可以是社区商铺形成的商业街，可以是专业批发市场中的商业街，可以是购物中心、百货商场中的室内商业通道，更可以是城市综合体中的商业步行街；可以是露天也可以有透光顶棚，可以有室内楼板完全遮盖，还可以是骑楼式的回廊式的商业街；可以是一侧设商业街，也可以两侧设商业街。

商业街是一种多功能、多业种、多业态的商业集合体，具有功能全、品种多、专业化程度高、购物环境优美、服务质量高等特征。

8. 住宅底商

住宅底商即住宅底层商铺，是指位于住宅等建筑物底层（可能包括地下 1 层和 2 层及地上 1~3 层，或其中部分楼层）的商用铺位。

住宅底商在建筑形式上表现为依附于住宅楼的特点，整个楼的一层、二层或三层和地下层的用途为商业，楼上建筑的用途为居住。

住宅底商主要用于与人们生活密切相关的生活用品销售和生活服务设施。其中，零售型住宅底商的商业形态为便利店、中小型超市、药店、小卖部、书报亭及少量服装店等，服务型住宅底商的商业形态主要为餐厅、健身设施、美容美发店、银行、干洗店、彩扩店、花店、咖啡店、酒吧、房屋中介公司、装饰公司、幼儿园等。

9. 专业市场

专业市场是指相同系列的专业店、专卖店高度聚集的特色商业场所。是一种以现货批发为主，集中交易某一类商品或者若干类具有较强互补性或替代性商品。专业市场所呈现的是特定的客户定位，特定的经营行业定位，这是区别于其他商业形态的主要特征。

专业市场商铺的主要形式为铺位形式，其投资回收形式有采取商铺出租的，也有些采取商铺出售方式的。

10. 写字楼

写字楼也称为办公楼，是指企业、事业机关、团体等单位的商务办公用楼宇。

写字楼等级划分的评定方式是"5A"标准，但"5A"的概念有狭义和广义之分。狭义针对的是智能化硬件方面，包括办公智能化（OA）、楼宇自动化（BA）、通信传输智能化（CA）、消防智能化（FA）、安保智能化（SA）。广义的"5A"标准则包括：

（1）楼宇品牌标准

具备较大的区域影响力、能与城市品牌和谐统一的写字楼品牌将评定为楼宇品牌标准 A 级。

（2）地理位置标准

只有区位在城市现有或潜在商务区、地段良好、具有较高投资价值的写字楼才能获得地理位置标准 A 级。

（3）客户层次标准

客户层次指的是入驻写字楼的业主或租户层次。大多数写字楼客户都有择邻而居的心理，因此一个写字楼的客户层次通常是趋同的。同时，客户层次的高低也直接影响了新的业主或租户的投资决策，因为较高的客户层次对它们的公司形象有较好的提升作用。

（4）服务品质标准

服务品质一方面体现在高效的物业管理上，另一方面体现在对入住企业的专业化商务服务上。

（5）硬件设施标准

主要考核建筑设计和建筑功能的创新，以及其所用的建筑技术等。

11. 酒店

酒店又称为饭店、宾馆、旅店、旅馆等，是指为旅客提供住宿与餐饮、以及娱乐设施的建筑。酒店是营利的，要求取得合理的利润。

12. 城市综合体

城市综合体是将城市中的商业、办公、居住、旅店、展览、餐饮、会议、文娱和交通等城市生活空间的各项功能进行组合，并在各部分之间建立一种相互依存、相互助益的能动关系，从而形成一个多功能、高效率、复杂而又统一的建筑综合体，并将这些功能空间进行优化组合，共存于一个有机系统中。

城市综合体内功能齐全，业态繁多，既可购物，也可休闲、运动、文化、娱乐、观赏、交际，还可进行商务性活动，各功能之间联系紧密，互为补充，可实现自身完整的工作、生活配套营运体系。可以比较完整地满足不同人群的不同需要。

城市综合体主要有以下的几个功能：

（1）商务

商务是现代城市的主要功能，操纵着城市大部分资金流和物流方向。一个区域空间能否提供充分、便捷的商务空间，决定着这一区域的城市地位和功能。城市综合体应用高规格空间满足不同企业的商务需求。企业的级别通常也能体现城市综合体的档次。

（2）商业

商业零售与人们的日常生活最密切，形成城市范围的市场并吸引和支持其他功能。零售更主要的是提供生活性、愉快性和丰富性，以满足人们的多样化选择，并形成热闹繁荣的街区，能够充分满足各类阶层的消费需求。

（3）居住

居住是城市开发的基本成分，是解决市中心居住问题，避免每天上下班长途跋涉造成交通拥挤和能源浪费的有效办法，同时居住为城市街区提供安全的生活空间。城市综合体的开发应为了节省时间和其他各类资源，完成综合体的聚合效应，满足了城市其他阶层人士的居住需求。

（4）酒店

酒店是综合体中最赢利的项目，它为综合体提供流动的"居住"人口和活动的人，并提供娱乐设施和夜间服务，24h 的服务使项目保持持久的繁荣并增加其活力。

（5）休闲活动广场

休闲文化广场、公园会给城市综合体形成一个有节奏的缓冲区，可以聚集人气，满足综合体及其周边生活工作人群的休闲娱乐需求。

（6）其他公共商务活动功能

如会所、展厅、电影院、交通枢纽等。通常全部具备这些功能的城市综合体比较少，这点与商业的经济利益有直接关系，对于赢利性不高或非赢利性的功能空间，房地产开发企业通常不考虑。

1.6 其他常见房地产类型

1. 工业地产

工业地产是指工业类土地使用性质的所有毛地、熟地，以及该类土地上的建筑物和附属物，是有别于住宅、商业和综合类用地以外的第四种性质用地。工业类土地上的可建建筑物用途有较大的范围，其中包括工业制造厂房、物流仓库及工业研发楼宇等。在我国，工业地产的土地批租年限为50年。工业地产的开发模式主要包括：

（1）工业园区开发模式

工业园区开发模式是我国各级地方政府最常使用的工业地产开发模式，也是我国目前工业地产市场的主要载体，其运作主体一般是开发区或工业园区管委会下设的开发公司。

（2）工业地产商模式

工业地产商模式是指房地产开发企业在工业园区内或其他地方获取工业土地项目，进行项目的道路、绿化等基础设施建设乃至厂房、仓库、研发等房产项目的营建，然后以租赁、转让或合资、合作经营的方式进行项目相关设施的经营、管理，最后获取合理的利润。

（3）主体企业引导模式

主体企业引导模式是指在某个产业领域具有强大的综合实力的企业，为实现企业自身更好的发展与获取更大的利益价值，通过获取大量的工业土地，以营建一个相对独立的工业园区；在自身企业入驻且占主导的前提下，借助企业在产业中的强大凝聚力与号召力，通过土地出让、项目租售等方式引进其他同类企业的聚集，实现整个产业链的打造及完善。

（4）综合运作模式

综合运作模式是指对上述的工业园区开发模式、主体企业引导模式和工业地产商模式进行混合运用的工业地产开发模式。

2. 旅游地产

旅游地产是以旅游、休闲、度假人群为目标和最终消费者的物业形式，包括休闲度假村、旅游景区主题休闲公园、旅游休闲培训基地、会议中心、运动村、产权酒店、分时度假酒店、高尔夫度假村、风景名胜度假村、景区住宅、民俗度假村旅游置业项目。旅游地产的开发模式主要包括：

（1）景区住宅

景区住宅是指房地产开发企业利用旅游开发区、旅游景区、休闲度假区的优越自然条件、地理位置开发的具有投资回报和多种功能的住宅项目，如景区住宅、海景住宅、风景名胜度假村、民俗度假村等。这类住宅多以为本地置业者提供第一居所为主要目的，多建在旅游资源突出的大中型城市市内或市郊。通过依靠旅游资源条件，如优美的自然风光、主题突出的人文内涵和多种休闲娱乐设施，直接提升住宅的环境品质，增加休闲功能，提高居民生活质量。

（2）旅游休闲培训基地和国际休闲度假中心

旅游休闲培训基地和国际休闲度假中心是指具有旅游、观光、休闲、度假、运动健身、会议、培训等多功能的房地产开发项目。

（3）自营式酒店

自营式酒店以为游客提供住宿为主要功能，增加娱乐、会议等辅助功能，多建在旅游、商务发达或会议较多的大中型城市。自营式酒店不出售物业，主要通过经营来收回投资，回收期长。

（4）产权酒店

产权酒店是指投资者购买酒店部分设施（客房），除部分时间自己使用外，统一将其余时间的住宿权委托酒店管理方经营，自己获取红利的经营模式。

（5）时值度假型酒店

时值度假型酒店是指消费者购买一定数量的"分数"，这些"分数"就成为他们选购产品的货币。他们可以使用这些"分数"在不同时间、地点、档次的度假村灵活选择其"分数"所能负担的住宿设施，消费者不拥有使用权或产权。

3. 养老地产

养老地产是以养老为主题，地产为载体，适老化设计为标准，服务为核心价值的新兴地产形式，是指在人口老龄化日益加重背景下，由房地产开发企业或相关的社会机构推出的适宜老年人居住、符合老年人心理特点及生理特点并能够满足老年人社会活动需求，为老年人的健康提供良好基础设施保障的老年住宅产品。

养老地产是传统地产业与养老产业在功能组合与产品形态上渗透和互动，它是一种泛地产，通过资源整合创造出更大的居住价值与商业价值。这种模式是将房地产开发与创造消费者生活方式密切结合，将房地产业和其他相关产业进行整合，从而将某种具有号召力又具有贴近性的生活方式完整地镶嵌到房地产的规划、开发、运营和服务的整个流程之中，为消费者创造出充分体现生活感受和文化价值的复合人居生活。以北京东方太阳城、上海亲和源为代表。养老地产的开发模式主要包括：

（1）居家式养老地产

居家式养老地产开发模式是指以家庭为核心、以社区为依托、以专业化服务为依靠，在地产大盘中加入养老主题概念，仅提供基本养老服务和社区配套服务，面向中高收入的活跃长者，采取住宅直接销售的经营方式。

（2）大型综合养老社区

大型综合养老社区综合性强、功能多元复合，面向健康活跃期、低度护理期以及高度护理期全龄段老人的全方位需求，采取租售结合的运营方式，对房地产开发企业的资源整合能力和持续经营能力要求较高。

（3）全龄社区养老地产

全龄社区是指以全生命周期为线，营建适宜全龄段客户群体混合居住的大型成长型活力社区。

将养老地产混合植入到成熟的住区规划、开发、运营和服务整个流程中，老人与其他各年龄段人共同生活在同一大型社区，各个年龄段老人都有相匹配的养老物业和服务，创造以生活体验至上的一生之城。

（4）异地度假型养老地产

异地度假型养老地产开发模式将养老与度假旅游结合，针对健康并且有支付能力的老人，在经济较发达的沿海城市或风景优美的旅游胜地开发养老产品。

（5）康疗型养老地产

康疗型养老地产开发模式，即"社区＋医院＋地产"模式，是指养老地产项目嫁接专业医疗资源，强调提供专业化的健康管理服务，主要面向对健康格外关注的中高端老年群体。

（6）学院式养老地产

学院式养老地产开发模式是指在提供基础的日常生活与医疗服务之外，在园区中以学校为组织形态，以开展符合老年人生理和心理特征的学习、活动为核心内容的一种新型养老模式，实现老年人物质与精神的双盈晚年，从而推动家庭、社会的和谐发展。

4. 养生地产

养生地产是指将养生理念融入房地产开发中，通过凭借优越的生态景观资源和气候条件、或提供养生健康服务、或通过养生文化的营造，开发建设对身心健康有益的房地产形式。

养生地产作为一种特殊的房地产形式，具有自然环境优越、养生文化独特、规模相对较大、养生配套齐全以及地域限制性等特点。养生地产的开发模式主要包括：

（1）资源依托型养生地产

资源依托型养生地产是指以生态环境的一项或多项独特的自然资源为核心，吸引对自然环境和生态环境有较高要求的人群，依托区域山林湖泊、温泉、海滨等生态资源和景区景点等旅游资源，开发集资源养生、休闲娱乐、会议、康体健身等功能为一体的养生地产类型。

（2）康疗保健型养生地产

康疗保健型养生地产是指依靠区域特色康疗资源，开发集康疗、休闲度假、观光旅游等功能为一体的养生地产类型。

（3）文化驱动型养生地产

文化驱动型养生地产是指以区域深厚的文化底蕴为基础，打造地区文化品牌，开发集文化旅游、养生、会议娱乐、休闲度假等多种功能于一体的养生地产类型。

（4）老年颐养型养生地产

老年颐养型养生地产是指以老年人为目标群体而进行开发的满足老年人特殊需求，适合老年人颐养天年的集健康养生、文化养生、休闲养生等多种功能于一体的养生地产类型。

第 2 章　土地及其产权

2.1 土地权利和土地制度

1. 地产概念

我国房地产业内人士常把房地产简称为地产。因此广义来说，地产是房地产的简称。狭义来说，地产是指土地财产，是土地的经济形态，即一定土地所有制关系下作为财产的土地，或者说是指能够为其权利人带来收益或满足其权利人工作或生活需要的土地资产。

2. 土地所有权和土地使用权

（1）土地所有权

土地所有权是指土地所有者在法律规定的范围内，对其拥有的土地享有占有、使用、收益和处分的权利。在我国，土地所有权是国家或集体经济组织对国家土地和集体土地依法享有的占有、使用、收益和处分的权能。土地所有权可以分为国有土地和集体土地两类。

国有土地是指属于国家所有即全民所有的土地。国家是国有土地所有权的唯一主体，用地单位或个人对国有土地只有使用权，没有所有权。

集体土地是指属于农村居民集体经济组织所有的土地。农民集体所有的土地的使用权不得出让、转让或者出租用于非农业建设。但是，符合土地利用总体规划并依法取得建设用地的企业，因破产、兼并等情形致使土地使用权依法发生转移的除外。集体所有的土地，经依法征收转为国有土地后，方能出让其使用权。

（2）土地使用权

土地使用权是指土地使用权拥有者对土地使用的权限，包括开发权、收益权、处置权。政府以拍卖、招标、协议的方式，将国有土地使用权在一定年限内出让给土地使用者。土地使用权期满后，如该土地用途符合当时城市规划要求的，土地使用者可以申请续用，经批准并补清地价后可以继续使用。

3. 国有土地和集体土地范围

（1）国有土地的范围

1）城市市区的土地。

2）农村和城市郊区中已经依法没收、征收、征购为国有的土地。

3）国家依法征收的土地。

4）依法不属于集体所有的林地、草地、荒地、滩涂及其他土地。

5）农村集体经济组织全部成员转为城镇居民的，原属于其成员的集体土地。

6）因国家组织移民、自然灾害等原因，农民从建制地集体迁移后不再使用的原属于迁移农民集体所有的土地。

（2）集体土地的范围

1）农村和城市郊区的土地，法律规定属于国家所有的除外。

2）宅基地和自留地、自留山。

3）土地改革时，分给农民并颁发了土地所有证的土地。

4. 我国土地制度

（1）土地所有制

1）土地公有制。我国全部土地实行的是社会主义土地公有制，分为全民所有制（即国家所有）和劳动群众集体制（即集体所有）

两种形式。土地所有权分为国有土地所有权和农村集体土地所有权。国有土地所有权包括国有建设用地所有权和国有农用地所有权。农村集体土地所有权包括农用地所有权和农村集体建设用地所有权。

在两种土地所有权中，只有属于国家所有的土地才能被依法用于房地产的开发经营，属于集体所有的土地是不能被用于房地产开发经营的。集体土地被国家依法征收后，才可以用于开发。

国家所有的土地被用于房地产的开发经营是有条件的，即房地产开发企业必须向国家支付土地使用权出让金，才能取得一定期限内的土地使用权。

2）土地登记制度。属于国有土地的，核发《国有土地使用证》；属于集体土地的，核发《集体土地所有证》。

3）国有土地有偿有期限使用制度。除国家核准的划拨土地以外，凡新增土地和原使用的土地改变用途或使用条件、进行市场交易等，均实行有偿有期限使用制度。

4）土地用途管制制度。根据土地利用总体规划，将土地用途分为农用地、建设用地和未利用土地。土地用途变更须经有批准权的人民政府核准。

5）耕地保护制度等。

（2）农村宅基地制度

宅基地是指农民依法取得的用于建造住宅及其生活附属设施的集体建设用地。根据规定，农村居民一户只能拥有一处宅基地，其宅基地的面积不得超过省、自治区、直辖市规定的标准。农村居民出卖、出租住房后，再申请宅基地的，不予批准。农村住宅用地只能分配给本村村民，城镇居民不得到农村购买宅基地、农民住宅或"小产权房"。

2.2 土地使用权获取

1. 土地使用权获取方式

土地使用权的获取是指房地产开发企业通过出让、转让、租赁或其他合法方式（如收购项目，并购房地产公司股权、合作开发等）有偿有期限取得国有土地使用权的行为。

根据《城市房地产开发经营管理条例》《招标拍卖挂牌出让国有建设用地使用权规定》等相关法律法规的规定，房地产开发用地应当以招标、拍卖、挂牌方式取得，但国家另有规定的除外（如经济适用房可以采用划拨方式、某些政府重点扶持的项目可以采用协议出让）。对于原先已划拨的土地，房地产开发企业可以通过补地价的方式获取。

获取国有土地使用权的方式主要有以下几种：

（1）土地使用权出让

土地使用权出让（招标、拍卖、挂牌、协议出让等）是指国家将一定年限内的国有土地使用权出让给土地使用者，由土地使用者向政府支付土地使用权出让金的行为。

通过出让方式获得土地使用权是建立在有偿有限期的基础上的，该土地使用权可以在法律规定的范围内转让、出租或抵押，其合法权益受国家法律保护。

（2）土地使用权划拨

土地使用权划拨是指有批准权的人民政府依法批准，在用地者缴纳补偿、安置等费用后将该幅土地交其使用，或者将土地使用权无偿交给土地使用者使用的行为。土地使用权的划拨是计划经济的产物，其逐渐地为土地使用权出让或转让所取代。

（3）土地使用权转让

土地使用权转让是指土地使用权出让后，土地使用权的受让人将土地使用权转移的行为。

（4）土地使用权租赁

土地使用权租赁是指国家将国有土地在一定年限内直接出租给土地使用者，由土地使用者向国家按年交付租金的行为。以租赁方式取得的土地使用权不得转让、转租和抵押。

2. 土地使用权出让年限

土地使用权的出让年限是指土地使用权受让人在出让地块上享有土地使用权的总年限。凡与国土局签订《国有土地使用权出让合同》的用地，其土地使用年限按国家规定执行：

1）居住用地 70 年。

2）工业用地 50 年。

3）教育、科技、文化、卫生、体育用地 50 年。

4）商业、旅游、娱乐用地 40 年。

5）综合用地或者其他用地 50 年。

3. 土地使用权出让方式

国有土地使用权的出让方式包括协议出让、招标出让、拍卖出让和挂牌出让。

（1）协议出让国有土地使用权

协议出让国有土地使用权是指国家以协议方式将国有土地使用权在一定年限内出让给土地使用者，由土地使用者向国家支付土地使用权出让金的行为。

（2）招标出让国有土地使用权

招标出让国有土地使用权是指市、县国土资源管理部门发布招标公告或者投标邀请书，邀请特定或者不特定的法人、自然人和其他组织参加国有土地使用权投标，根据投标结果确定土地使用者的行为。

（3）拍卖出让国有土地使用权

拍卖出让国有土地使用权是指市、县国土资源管理部门发布拍卖公告，由竞买人在指定时间、地点进行公开竞价，根据出价结果确定土地使用者的行为。

（4）挂牌出让国有土地使用权

挂牌出让国有土地使用权是指市、县国土资源管理部门发布挂牌公告，按公告规定的期限将拟出让宗地的交易条件在指定的土地交易场所挂牌公布，接受竞买人的报价申请并更新挂牌价格，根据挂牌期限截止时的出价结果确定土地使用者的行为。

4. 土地使用权出让适用范围

（1）招标拍卖挂牌出让国有土地使用权的范围

根据《招标拍卖挂牌出让国有土地使用权规范》规定，以下六类情形必须纳入招标拍卖挂牌出让国有土地使用权范围：

1）工业、商业、旅游、娱乐和商品住宅等经营性用地，其中工业用地包括仓储用地，但不包括采矿用地。

2）其他土地供地计划公布后同一宗地有两个或两个以上意向用地者的。

3）划拨土地使用权改变用途，《国有土地划拨决定书》或法律、法规、行政规定等明确应当收回土地使用权，实行招标拍卖挂牌出让的。

4）划拨土地使用权转让，《国有土地划拨决定书》或法律、法规、行政规定等明确应当收回土地使用权，实行招标拍卖挂牌出让的。

5）出让土地使用权改变用途，《国有土地使用权出让合同》约定或法律、法规、行政规定等明确应当收回土地使用权，实行招标拍卖挂牌出让的。

6）依法应当招标拍卖挂牌出让的其他情形。

（2）协议出让国有土地使用权范围

除依照规定应当采用招标、拍卖或者挂牌方式外，方可采取协议方式，主要包括以下情况：

1）供应商业、旅游、娱乐和商品住宅等各类经营性用地以外用途的土地，其供地计划公布后同一宗地只有一个意向用地者的。

2）原划拨、承租土地使用权人申请办理协议出让，经依法批准，可以采取协议方式，但《国有土地划拨决定书》《国有土地租赁合同》、法律、法规、行政规定等明确应当收回土地使用权重新公开出让的除外。

3）划拨土地使用权转让申请办理协议出让，经依法批准，可以采取协议方式，但《国有土地划拨决定书》、法律、法规、行政规定等明确应当收回土地使用权重新公开出让的除外。

4）出让土地使用权人申请续期，经审查准予续期的，可以采用协议方式。

5. 土地使用权划拨适用范围

土地使用权划拨的范围包括：

1）国家机关用地和军事用地。

2）城市基础设施和公用事业用地。

3）国家重点扶持的能源、交通、水利等项目用地。

4）经济适用房项目建设用地。

5）法律、行政法规规定的其他用地。

6. 土地使用权转让适用范围

土地使用权转让的范围包括：

1）以出让方式取得土地使用权，已签订出让合同，交清地价后进行的土地使用权转让。

2）已建建筑物的出让用地、行政划拨用地和历史用地，且产权属同一主体的，在符合现行规划前提下，土地使用者选择转让他人改造或与他人合作改造的。

3）减免地价或交纳协议地价的土地使用权转让。

4）为实现抵押权进行的土地使用权及地上建筑物、构造物、附着物转让。

5）人民法院裁定，需要处分的土地使用权及地上建筑物、构造物、附着物转让。

6）成片开发区土地使用权的转让。

7. 土地使用权租赁适用范围

根据《国有土地使用权租赁管理办法》，土地使用权租赁的范围包括：

1）对原有建设用地，法律规定可以划拨使用的仍维持划拨，不实行有偿使用；对因发生土地转让、出租、企业改制和改变土地用途后依法应当有偿使用的，可以实行租赁。

2）对于新增建设用地，重点推行和完善国有土地出让，租赁只作为出让方式的补充。

3）对于经营性房地产开发用地，无论是利用原有建设用地，还是利用新增建设用地，都必须实行出让，不实行租赁。

2.3 土地储备和土地开发

1. 土地储备范围

土地储备是指市、县人民政府国土资源管理部门为实现调控土地市场、促进土地资源合理利用目标，依法取得土地，进行前期开发、储存以备供应土地的行为。

根据规定下列土地可以纳入土地储备范围：

1）依法收回的国有土地。

2）收购的土地。

3）行使优先购买权取得的土地。

4）已办理农用地转用、土地征收批准手续的土地。

5）其他依法取得的土地。

2. 生地、毛地和熟地

（1）生地

生地是指可能为房地产开发与经常活动所利用，但尚未开发的农地和荒地，即待开发的国有土地，离城镇较远、无市政基础设施、未开发利用的土地。

（2）毛地

毛地主要是指城市中需要拆迁而尚未拆迁的土地，即已有地上建筑物及附属设施的建筑物，将被改建的土地。

（3）熟地

熟地是指已完成市政基础设施建设的土地，达到三通一平或七通一平施工条件的土地。三通一平是指水通、电通、路通和场地平整。七通一平是指给水通、排水通、电力通、通信通、燃气通、路通、供热通和场地平整。

3. 土地一级开发概念

土地一级开发是指由政府或其授权委托的企业，对一定区域范围内的城市国有土地（毛地）或农村集体土地（生地）进行统一的征地、拆迁、安置、补偿，并进行适当的市政配套设施建设，使该区域范围内的土地达到"三通一平""五通一平"或"七通一平"建设条件（熟地），再对熟地进行有偿出让或转让的过程。

4. 土地一级开发流程

进行土地一级开发常用的操作程序如下：

1）做出开发区域的近期、中期和长期发展计划。

2）对开发区域范围内的土地利用状况进行调查，掌握可开发土地资源现状的数量、质量和分布。

3）制定开发区域发展的控制性规划和详细规划。

4）按确定的优先顺序选择启动开发地块或区域。

5）由土地管理部门协助办理土地出让（或划拨）手续。

6）制定拆迁安置补偿方案，并获得政府主管部门批准。

7）进行现场土地开发工作，达到相应的建设条件。

8）核算土地开发成本、厘定土地价格，进行熟地转让（或出让）。

2.4 土地市场

1. 土地市场概念

土地市场是指土地及其地上建筑物和其他附着物作为商品进行

交换的总和。土地市场也称地产市场。土地市场中交易的是国有土地使用权而非土地所有权。土地市场中交易的土地使用权具有期限性。

2.土地市场类型

我国土地市场包括土地一级市场和土地二级市场。

（1）土地一级市场

土地一级市场是指政府代表国家以管理者和土地所有者的身份，将土地使用权有偿、有限期让与使用者的活动。土地一级市场完全由政府所控制。政府不允许未经一级市场获取土地使用权就直接进行交易。通常所讲的土地一级市场即房地产一级市场。

政府成立土地收购储备中心，由政府对土地一级市场进行调控。该中心隶属于国土资源局，受政府委托负责土地收购、土地整理、土地存储和融资。

（2）土地二级市场

土地二级市场是指土地使用者将通过一级市场取得的土地使用权按照市场机制以租赁、买卖、交换、继承、赠予、抵押等方式从事的交易经营活动。土地二级市场属于房地产二级市场。

土地使用权交易时，必须遵循房地一体的原则，即土地使用权转让、出租、抵押时，其地上建筑物、其他附着物的所有权随之转让、出租、抵押；土地使用者转让、出租、抵押地上建筑物、其他附着物所有权时，其使用范围内的土地使用权也随之转让、出租、抵押。

3.土地二级市场交易条件

凡以出让方式获得的土地使用权只要符合以下条件，均可单独或连同地上建筑物一起自行选择交易单位和个人进行转让、出租、抵押：

1）已足额缴纳土地出让金，并取得土地使用权证书的。对特殊原因经市县政府批准给予出让金减缓照顾的，可以按合同约定的出让金欠交数额补交或由交易对方代交。

2）符合出让合同约定的土地用途和城市规划建设要求的。

3）完成开发建设投资总额 25% 以上的。

4）成片开发的土地，形成工业用地或者其他建设用地条件的。

2.5　土地价格

1. 国有土地有偿使用费类型

国有土地有偿使用费是指以划拨、出让、租赁、作价出资或入股等方式有偿使用国有土地的单位或个人，按照国家规定的标准和方法，向国家缴纳的土地资源收益。国有土地有偿使用费不属于行政事业性收费，其范围包括土地出让金、土地租金、土地增值税、新增建设用地有偿使用费、场地使用费等。

（1）土地出让金

土地出让金也称为土地费用、地价款，是指各级政府土地管理部门将土地使用权出让给土地使用者，按规定向受让人收取的土地出让的全部价款（是指土地出让的交易总额）；或土地使用期满，土地使用者需要续期而向土地管理部门缴纳的续期土地出让价款；或原通过行政划拨获得土地使用权的土地使用者，将土地使用权有偿转让、出租、抵押、作价入股和投资，按规定补交的土地出让价款。

土地出让金包括土地使用权出让金、城市建设配套费、拆迁安置补偿费和土地开发费。其中，土地使用权出让金是指在土地国有的情况下，国家以土地所有者的身份将土地使用权在一定年限内让与土地使用者，土地使用者支付的一定数额的货币款。土地使用权出让金的高低与土地的用途、位置和土地出让年限紧密相关。

（2）土地租金

土地租金是指原通过行政划拨获得土地使用权的使用者，出租土地使用权及地上建筑物或其他附着物获得收益中所含有土地使用权部分。

（3）土地增值税

土地增值税也称为土地收益金，是指土地使用者将其所使用的土地使用权转让（含连同地面建筑物一同转让）给第三者时，就其转让土地交易额按规定比例向财政部门缴纳的价款，或土地使用者（含连同地面建筑物一同出租）给其他土地使用者时，就所获得的租金收入按规定比例向财政部门缴纳的价款。

（4）场地使用费

场地使用费是指在中国由国家对中外合营企业或外资企业建设用地或使用中方场地所征收的一种费用。

（5）新增建设用地有偿使用费

新增建设用地有偿使用费是指国务院或省级人民政府在批准农用地转用、征收土地时，向取得出让等有偿使用方式的新增建设用地的市、县人民政府收取的平均土地纯收益。

2. 熟地价和毛地价

（1）熟地价

熟地价是指政府出让已经具备七通一平、五通一平、三通一平建设条件的土地（俗称熟地）时所收取的金额，或土地使用权人将已经具备建设条件的熟地转让时收取的金额。熟地价包括土地使用权出让金、城市建设配套费和土地开发费。

（2）毛地价

毛地价是指政府在出让未经拆迁补偿的旧城区土地（俗称毛地）或未进行征地补偿的新区土地（生地）时所收取的金额。毛地价包括土地使用权出让金和城市建设配套费，不包括土地开发费。

3. 地面价和楼面价

（1）地面价

地面价是指每平方米土地的单价，即用土地出让金总额除以土地总面积。

（2）楼面价

楼面价是指摊到每平方米建筑面积的地价，即用土地出让金总额除以规划允许建造的总建筑面积。

2.6　土地征用和土地征收

1. 土地征用

土地征用是指国家依据公共利益的需要强制取得民事主体土地使用权的行为。这里的民事主体主要是指农村集体经济组织，如村委会或村民小组等。土地征用具有以下特点：

1）土地征用具有强制性，任何单位、个人都必须服从。

2）只有国家才是土地征用的主体，任何单位、个人不得向农村征用土地。

3）土地征用不改变土地所有权，只改变土地使用权。

4）征用时必须妥善安置被征用土地的老百姓的生活。

5）被征用土地使用完后，应当归还土地所有人，并根据规定给予适当的补偿。

2. 土地征收

土地征收是指国家为了社会公共利益的需要，依照法律规定的程序和批准权限，并依法给予农村集体经济组织及农民补偿后，将农村集体土地变为国有土地的行为。

土地征收是一种国家行为，除了国家可以依法对农民集体土地实行征收外，任何单位和个人都无权征收土地。

3. 土地征用与土地征收比较

征收一般是指在城市发展和工业建设中，为了公共利益的需要，国家征收农民集体土地；或是在城市建设过程中，将国有土地上房屋征收为国家所有。

征用一般是国家在紧急状态，将个人财产临时、短期征为国家使用；使用之后，要根据使用情况，以及对财产的损害程度，给予适当的补偿。

征收和征用都是为了公共利益，并都要依法给予补偿，但两者是有实质性区别的。征收改变所有权，如将集体土地变为国有土地；或将国有土地上房屋征收后，房屋就不再是个人财产。而征用不改变所有权，征用之后要归还给所有权人，是国家短期使用。

第 3 章　房屋及其产权

3.1 常见房屋类型

1. 商品房概念

商品房是指由房地产开发企业开发建设并出售、出租的房屋。其按法律法规及有关规定可在市场上自由交易，包括新建商品房、存量房等。它是房地产开发企业开发建设的供销售的房屋。能办理产权证和国土证，可以自定价格出售的产权房。

2. 私房、公房和房改房

（1）私房

私房也称私有住宅、私产住宅。它是由个人或家庭购买、建造的住宅。在农村，农民的住宅基本上是自建私有住宅。公有住房通过住宅消费市场出售给个人和家庭，也就转为私有住宅。

（2）公房

公房也称公有住房或国有住房。它是指由国家以及国有企业、事业单位投资兴建、销售的住宅，在住宅未出售之前，住宅的产权（拥有权、占有权、处分权、收益权）归国家所有。目前居民租用的公有住房，按房改政策分为两大类：一类是可售公有住房，另一类是不可售公有住房，这两类房均为使用权房。其中，归房管局管理的称为直管公房；归各单位管理的称为自管公房。

1）可售公房。可售公房按成本价向工薪阶层出售，它是按房屋建造成本制定的售房价格，包括征地和拆迁补偿费、勘察设计及前期工程费、建安工程费、小区基础设施配套费、管理费、贷款利息和税金七项因素。

2）不可售公房。不可售公房是指根据现行房改政策还不能出售给承租居民的公有住房。它主要包括旧式里弄、新式里弄、职工住房等厨房、卫生合用的不成套房屋，也包括部分公寓、花园住宅等成套房屋。

（3）房改房

房改房又称为已购公有房，是指城镇职工根据国家和县级以上地方人民政府有关城镇住房制度改革政策规定，按照成本价或者标准价购买的已建公有住房。按照成本价购买的，房屋所有权归职工个人所有，按照标准价购买的，职工拥有部分房屋所有权，一般在五年后归职工个人所有。

这类房屋来源一般是单位购买的商品房、自建房屋、集资建房等。

3. 增量房和存量房

（1）增量房

增量房也称一手房，是指房屋开发一级市场所开发出的新房，是相对于存量房而言的房屋,包括商品房和经济适用房的预售房和现房。

（2）存量房

存量房也称二手房，是指已被购买或自建并取得所有权证书的房屋。

4. 现房、准现房、期房和楼花

（1）现房

现房是指房地产开发企业已办妥房地产权证（大产证）的商品房，购房者在这一阶段购买商品房时应签出售合同。通常意义上的现房是指项目已经竣工可以入住的房屋。

（2）准现房

准现房是指房屋主体已基本封顶完工但未竣工验收的房屋，小区内的楼宇及设施的大致轮廓已初现，户型、楼间距等重要因素已经一目了然，工程正处在内外墙装修和进行配套施工阶段的房屋。

（3）期房

期房是指房地产开发企业从取得商品房预售许可证开始至取得房地产权证大产证止，在这一期间的商品房称为期房，购房者在这一阶段购买商品房时应签预售合同。期房销售在港澳地区称为卖"楼花"，这是当前房地产开发企业普遍采用的一种房屋销售方式。购买期房也就是购房者购买尚处于建造之中的房地产项目。

（4）楼花

在香港早期，楼花是指未完工的物业（即在建物业），现在一般指未正式交付之前的商品房。

5. 毛坯房、成品房和装修房

（1）毛坯房

毛坯房是指商品房交付使用时只有门框没有门或只有外门，墙面地面仅做基础处理而未做表面处理的房。

（2）成品房

成品房是指对墙面、顶棚、门套、地板实行装修的商品房。

（3）装修房

装修房是指在成品房装修的基础上，对卫生间和厨房进行整体厨卫装修的商品房。

6. 花园式住宅、公寓式住宅和单元式住宅

（1）花园式住宅

花园式住宅也叫西式洋房、小洋楼、花园别墅或花园洋房，是带有花园草坪和车库的独院式平房或二三层小楼，建筑密度很低，

内部居住功能完备，装修豪华，并富有变化，一般为高收入者购买。

（2）公寓式住宅

公寓式住宅是相对于独院独户的西式别墅住宅而言的。一般建在大城市，大多数是高层，标准较高，每一层内有若干单户独用的套房，包括卧室、起居室、客厅、浴室、厕所、厨房、阳台等，供一些常常往来的中外客商及其家眷中短期租用。

（3）单元式住宅

单元式住宅又叫梯间式住宅，是以一个楼梯为几户服务的单元组合体，一般为多层、高层住宅所采用。居住单元是指一个楼梯里有几户，俗称一梯两户、一梯四户等。单元式住宅的基本特点：

1）每层以楼梯为中心，每层安排户数较少，一般为 2~4 户，大进深的每层可服务于 5~8 户，住户由楼梯平台进入分户门，各户自成一体。

2）户内生活设施完善，即减少了住户之间的相互干扰，又能适应多种气候条件。

3）建筑面积较小，可以标准化生产，造价经济合理。

4）保留一定的公共使用面积，如楼梯、走道、垃圾道，保持一定的邻里交往，有助于改善人际关系。单元式住宅一经建造使用，便被社会所接受，并推广到世界绝大多数国家和地区。

7. 独栋别墅、双拼别墅、联排别墅和叠拼别墅

（1）独栋别墅

独栋别墅就是独立别墅，简称独栋，即独立一栋存在的别墅（图 3-1）。

（2）双拼别墅

双拼别墅即两栋连在一起的别墅（图 3-2）。

（3）联排别墅

联排别墅英文为 Townhouse，其原始概念是"联排住宅，有天有地，独立的院子和车库"。它是第二次世界大战以后西方国家发展新城镇时出现的住宅形态，楼体高度不超过 4 层。其特点为离城很近、方便上班及工作、环境优美，成为城市发展过程中住宅郊区化的一种代表形态（图 3-3）。

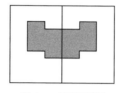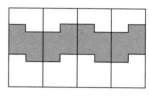

图 3-1　独栋别墅　　　图 3-2　双拼别墅　　　图 3-3　联排别墅

（4）叠拼别墅

叠拼别墅即多栋连在一起，每栋楼中存在两个以上跃层式住宅的别墅。

8. 板楼和塔楼

（1）板楼

板楼是指由多个住宅单元组合而成，每单元均设有楼梯或楼梯、电梯皆有的住宅；每个单元用自己单独的楼梯、电梯。板楼又称排楼，是并排兴建而成的建筑体，一般为多层或小高层。从其外观看不一定是呈一字形，也可以是拐角、围合等形状（图 3-4）。

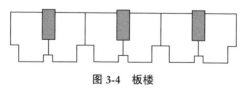

图 3-4　板楼

（2）塔楼

塔楼主要是指以共用楼梯、电梯为核心布置多套住房的高层住宅，如图 3-5 所示。通俗地说，塔楼以电梯、楼梯为布局核心，上到楼层之后，向四面走可以直接进入户内。塔楼的基本形式：传统的塔楼形式有十字形、井字形和方形塔楼，改良后的塔楼形式为蝶形塔楼。与传统塔楼相比，蝶形塔楼的建筑特征有以下几点：

1）外形轻盈。蝶式建筑一般是"半蝶半塔"，户户紧密相连，像没有张开翅膀的蝴蝶，改变了传统塔楼外观体态的臃肿，体态轻盈秀丽，外观比较新颖。

2）朝向、采光、通风上有突破。蝶形建筑设计还有效地避免了小区内各栋楼宇之间相互遮挡的弊端，使多数单元都是南北朝向，实现了在采光、通风性能上的突破。

3）斜角存在成为新问题。蝶式建筑中因各户间连接依然紧密，户与户之间的相互影响、相互依赖还比较大，所以产生出很多在户型设计中难以避免的斜角问题，这既是蝶式建筑的标签之一，也是蝶式建筑为寻求突破而必须跨越的障碍。

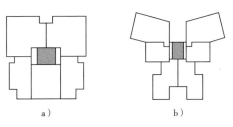

图 3-5 塔楼

a）形式一　b）形式二

9. 错层住宅、跃层式住宅和复式住宅

（1）错层住宅

错层住宅是指每套住宅的不同使用功能不在同一平面层上，形成多个不同标高平面的使用空间和变化的视觉效果（图 3-6）。住

宅室内环境错落有致，极富韵律感。错层住宅的结构方式主要分为左右错层（即东西错层，一般为起居室和卧室错层）和前后错层（即南北错层，一般为客厅和餐厅错层）。

优点：利用平面上的错落，使静与动、食与寝、会客与餐厅的功能分区，避免相互干扰，有利于形成具有个性的室内环境。错层上下尺度一般为 300~600mm，因为目前住宅层高为 2.8m，净高约 2.62m。

缺点：错层若大于 600mm 高差，要注意上部楼板结构梁或板底的相对高度关系，避免碰头或产生压迫感。如果错层上下高差较大的，可采用其他错层形式，如"L""∏"型。

（2）跃层住宅

跃层式住宅是指住宅占有上下两层楼面，卧室、起居室、客厅、卫生间、厨房及其他辅助用房可以分层布置，上下层之间的交通不通过公共楼梯而采用户内独用小楼梯连接（图 3-7）。

优点：每户都有两层或两层合一的采光面，即使朝向不好，也可以通过增大采光面积弥补，通风较好，户内居住面积和辅助面积较大，布局紧凑，功能明确，相互干扰较小。

缺点：安全出口相对狭小。

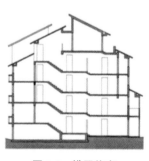

图 3-6　错层住宅

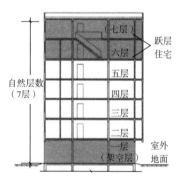

图 3-7　跃层住宅

（3）复式住宅

复式住宅是受跃层式住宅启发而创造设计的一种经济型住宅。这类住宅在建造上仍每户占有上下两层，实际是在层高较高的一层楼中增建一个 1.2m 的夹层，两层合计的层高要大大低于跃层式住宅（复式为 3.3m，而一般跃层为 5.6m），复式住宅的下层供起居用、炊事、进餐、洗浴等，上层供休息睡眠和储藏用，户内设多处入墙式壁柜和楼梯，中间楼板也即上层的地板。

优点：

1）平面利用系数高，通过夹层复合，可使住宅的使用面积提高 50%~70%。

2）户内的隔层为木结构，将隔断、家具、装饰融为一体，既是墙又是楼板、床和柜，降低了综合造价。

3）上部夹层采用推拉窗及墙身多面窗户，通风采光良好，与一般层高和面积相同的住宅相比，土地利用率可提高 40%。因此，复式住宅同时具备了省地、省工、省料的特点。

缺点：

1）复式住宅的面宽大，进深小，如采用内廊式平面组合必然导致一部分户型朝向不佳，自然采光较差。

2）层高过低，如厨房只有 2m 高度，长期使用易产生局促憋气的不适感，储藏间较大，但层高只有 1.2m，很难充分利用。

3）由于室内的隔断楼板均采用轻薄的木隔断，木材成本较高，且隔声、防火功能差，房间的私密性、安全性较差。

10. 公寓类型

公寓是商业地产投资中最为普遍的一种地产形式，它不属于自住型物业，而是暂住型物业。其主要作为中高等收入人群短程商旅或旅游短期租用。公寓包括普通公寓、商务公寓、酒店式公寓、产权式酒店公寓等类型。

（1）普通公寓

大部分普通公寓产权属于住宅性质，打着公寓的名号。以前产品主要从烂尾的酒店、尾盘或户型较差的户型单元改造而成；现在大部分都是小户型住宅单元产品，但是通过营销的手段，以公寓的性质销售。

（2）商务公寓

商务公寓是既能办商务又可以栖身的一种产物，但在建筑术语中没有这种称谓，这是人们按照功能界定的一个不规范的俗称。商务公寓除了自住客户外，很多用于小型公司作为办公使用。

（3）酒店式公寓

酒店式公寓也是公寓，只不过它与酒店融为一体，软件和硬件与酒店相似。酒店式公寓是一种只做服务、没有酒店经营的纯服务公寓。酒店式公寓最早源于欧洲，是当时旅游区内租给游客，供其临时休息的物业，由专门管理公司进行统一上门管理，既有酒店的性质又相当于个人的"临时住宅"。国内的酒店式公寓最早出现在深圳，然后在上海、北京等地均有开发，经济发达程度成为酒店式公寓立项的基本条件。

酒店式公寓作为近年来一种新兴的物业类型，由于地段好、总价低、易出租，既可以出售换取买卖差价，也可以收取租金换取长期的投资收益等，这些特点成为不少市民置业投资的首选。

酒店式公寓作为国内能够提供酒店水准服务与管理的高档公寓，一般依托于四或五星级酒店而存在，在酒店管理机构的统一管理下经营。酒店式公寓是酒店长租客房的一个变种，对客户来说，是比较便宜而且可以享受比较自由住家生活的酒店客房。

（4）产权式酒店公寓

产权式酒店公寓是指房地产开发企业将酒店的每个单元出售给个体买房者，由拥有产权的业主或者委托酒店管理公司统一出租经营。所以，可以说它是拥有私人产权的酒店。产权式酒店没有公寓的功能，是一种投资性物业，业主缺乏相对的自行处置权，只是每年拿固定回报，还有若干免费进住权，有点像分时度假酒店。

11. 保障性住房类型和特点

保障性住房是指政府提供优惠政策，限定建设标准、供应对象、承租或销售价格，具有保障性质的政策性住房。经济适用住房、廉租住房、公共租赁住房、单位集资建房等。

保障性住房的主要类型、保障方式、申请对象和价格控制具体见表 3-1。

表 3-1 保障性住宅类型和特点

类型	保障方式	申请对象	价格控制
经济适用住房	政府提供政策优惠，限定套型面积和销售价格，按照合理标准建设，房屋价格比市场价低，在住房设计及其建筑标准上强调住房的使用效果	具有当地城镇户口，符合低收入家庭收入标准的无房或现住房面积低于住房困难标准的家庭	经济适用住房的价格控制主要是通过政府给予用地、计划、规划、拆迁和税费等方面的政策扶持实现的
集资房	集资房建设标准、优惠政策、供应对象、产权关系等均按照经济适用住房有关规定严格执行。集资所建住房的权属，按出资比例确定。个人按房价全额出资的，拥有全部产权，个人部分出资的，拥有部分产权	参加单位集资合作建房的对象，必须限定在本单位符合当地政府规定的低收入住房困难家庭	实行政府、单位、单位职工三方面共同承担，通过筹集资金，建造的房屋。职工个人可按房价全额或部分出资、信贷、建材供应、税费等方面给予部分减免

（续）

类型	保障方式	申请对象	价格控制
限价房	限价房又称限房价、限地价的"两限"商品房，是一种限价格、限套型（面积）的商品房，按照"以房价定地价"的思路，采用政府组织监管、市场化运作的模式	城镇中低收入家庭	在土地出让时就已被限定房屋价格、建设标准和销售对象，政府对企业的开发成本和合理利润进行测算后，设定土地出让的价格范围
安居房	安居房即安居工程住房或平价房，是指由国家安排贷款和地方自筹资金建设（一般为4:6）的面向广大中低收入家庭的非营利性住房，建筑面积一般控制在 55m² 以下	出售或出租给国家机关、事业单位、企业单位职工，在同等条件下优先出售给离退休职工、教师中的住房困难户	成本价由征地和拆迁补偿费、勘察设计和前期工程费、建安工程费、住宅小区基础设施建设费、1%~3%的管理费、贷款利息和税金等构成
廉租住房	实行货币补贴和实物配租等相结合。货币补贴是指当地政府向申请廉租住房的家庭发放租赁住房补贴，由其自行承租住房。实物配租是指当地政府向申请廉租住房的家庭提供住房，并按照规定标准收取租金	符合城镇居民最低生活保障标准且住房困难的家庭	发放租赁住房补贴
公共租赁住房	政府提供政策优惠，限定套型面积和出租价格，只能用于承租人自住，不得出借、转租或闲置，也不得用于从事其他经营活动	低收入住房困难家庭	租金水平由当地政府统筹考虑住房市场租金水平和供应对象的支付能力等因素合理确定，并按年度实行动态调整

12. 其他常见房屋类型

（1）LOFT

LOFT 是指没有内墙隔断的开敞式平面布置住宅。LOFT 发源于 20 世纪六七十年代美国纽约的建筑，现逐渐演化成为一种时尚的居住与生活方式。它的定义要素主要包括：高大而开敞的空间，上下双层的复式结构，类似戏剧舞台效果的楼梯和横梁；流动性，户型内无障碍；透明性，减少私密程度；开放性，户型间全方位组合；艺术性，通常是业主自行决定所有风格和格局。

LOFT 是同时支持商住两用的楼型，所以主要消费群体包括个性上的和功能上的。作为功能上的考虑，一些比较需要空间高度的，如电视台演播厅、公司产品展示厅等；作为个性上的考虑，许多年轻人以及艺术家都是 LOFT 的消费群体，甚至包括一些 IT 企业。

（2）SOLO

SOLO 指的是超小的户型，每套建筑面积在 $35m^2$ 以内，卧室和客厅没有明显的划分，整体浴室，开敞式环保节能型整体厨房。公共空间也 SOLO 化，即 24h 便利店、24h 自助型洗衣店、24h 自助式健身房等。SOLO 的消费群体是年轻人，他们或是外地人，或是本地想独立的年轻人。他们的共同点是大学毕业不久，积蓄有限，但是收入稳定，渴望独立生活，通常有两次置业的心理准备。

（3）智能化住宅

智能化住宅是将各种家庭自动化设备、计算机及其网络系统、建筑技术与艺术有机结合的产物，从而实现住户可以在任何时间、任何地点进行家庭遥控管理或与外界进行联系的住宅。

智能小区由众多智能楼宇组成，旨在通过高度集成的通信和计算机网络，把社区的保安、物业、服务及公共设施连接起来，实现智能化和最优化管理，使小区内居民可以 24h 与社区医院、学校、超市、娱乐场所等处联络。

3.2 房屋征收和拆迁

1. 房屋征收概念

房屋征收是指在城市化和工业化的过程中，为了公共利益的需要，国家把国有土地上的房屋征收为国家所有的行为。

国有土地上房屋征收与补偿的主体是市、县人民政府确定的房屋征收部门，而具体的征收补偿工作既可以由房屋征收部门承担，也可以委托房屋征收实施单位承担，但房屋征收实施单位不得以营利为目的。房屋征收部门对房屋征收实施单位在委托范围内实施的房屋征收与补偿行为负责监督，并对其行为后果承担法律责任。

2. 被征收房屋价值评估

被征收房屋价值是指被征收房屋及其占用范围内的土地使用权在正常交易情况下，由熟悉情况的交易双方以公平交易方式在评估时点自愿进行交易的金额，但不考虑被征收房屋租赁、抵押、查封等因素的影响。不考虑租赁因素的影响是指评估被征收房屋无租约限制的价值；不考虑抵押、查封因素的影响，是指评估价值中不扣除被征收房屋已抵押担保的债权数额、拖欠的建设工程价款和其他法定优先受偿款。

根据规定，国有土地上被征收房屋价值评估应当考虑被征收房屋的区位、用途、建筑结构、新旧程度、建筑面积以及占地面积、土地使用权等影响被征收房屋价值的因素。

被征收房屋室内装饰装修价值，机器设备、物资等搬迁费用，以及停产停业损失等补偿，由征收当事人协商确定；协商不成的，可以委托房地产价格评估机构通过评估确定。

3. 房屋征收补偿内容和方式

（1）补偿内容

1）被征收房屋价值的补偿。

2）因征收房屋造成的搬迁、临时安置的补偿。

3）因征收房屋造成的停产停业损失的补偿。

（2）补偿方式

1）货币补偿。

2）房屋产权调换。被征收人选择房屋产权调换的，市、县级人民政府应当提供用于产权调换的房屋，并与被征收人计算、结清被征收房屋价值与用于产权调换房屋价值的差价。

因旧城区改建征收个人住宅，被征收人选择在改建地段进行房屋产权调换的，做出房屋征收决定的市、县级人民政府应当提供改建地段或者就近地段的房屋。

4. 房屋拆迁和拆迁补偿

拆迁是指经城市规划、土地管理机关批准，将原土地合法使用者及房屋合法使用者迁到其他地方安置，并拆除清理原有建筑或其他妨碍项目实施的地上物，为新的建设项目施工创造条件的行为。拆迁可简单理解为人的搬迁和建筑物的拆除。

房屋拆迁补偿是指拆迁人对被拆除房屋的所有人，依照《城市房屋拆迁管理条例》的规定给予的补偿。拆迁补偿的方式，可以实行货币补偿，也可以实行房屋产权调换（即回迁或搬迁，是指拆迁人提供价值相当的房源对被拆迁人进行异地或同地安置，被拆迁人有权要求拆迁人提供不小于被拆迁房屋建筑面积的安置用房。实行产权调换的，拆迁人与被拆迁人应当结算被拆迁房屋和安置用房的差价）。

5. 强制拆迁及其适用情形

强制拆迁是指被拆迁人或者房屋承租人在裁决规定的搬迁期限内未搬迁的，由市人民政府责成有关部门实施强制拆迁，或者由房屋拆迁主管部门依法申请人民法院强制拆迁。实施强制拆迁之前，拆迁人应当就被拆除房屋的有关事项，向公证机关办理证据保全。

根据 2011 年国务院《国有土地上房屋征收与补偿条例》规定，被征收人对房屋征收补偿决定不服，但在法定期限内不申请行政复议或者不提起行政诉讼的，在补偿决定规定的期限内又不搬迁的，由做出房屋征收决定的市、县级人民政府依法申请人民法院强制执行。市、县级人民政府提交的强制执行申请书应当附具补偿金额和专户存储账号、产权调换房屋和周转用房的地点和面积等材料。

3.3　房屋产权

1. 房地产产权概念

房地产产权是指产权人对房屋的所有权（房屋产权）和对该房屋所占用土地的使用权，具体内容是指产权人在法律规定的范围内对其房地产的占有、使用、收益和处分的权利，具体包括：

1）拥有使用该房屋。

2）出租该房屋获取租金收入。

3）出售该房屋获取增值。

4）将该房屋抵押给银行及其他组织或个人进行融资或贷款等权利。

房屋作为不动产，与土地是不可分割的一个整体，房屋在发生转让等产权变更时，必然是房地一体进行的，不可能将房屋与土地分割开来处分。

2. 房屋所有权类型

房屋的所有权是指房屋的占有权、管理权、享用权、排他权、处置权（包括出售、出租、抵押、赠与、继承）的总和。拥有了房屋的所有权就等于拥有了在法律允许范围内的一切权利。

（1）房屋占有权

房屋占有权是指房屋所有人对房屋实际控制的权利。它可以与所有权分离，故非所有权人也可能享有房屋占有权。

（2）房屋使用权

房屋的使用权是指对房屋拥有的享用权。房屋租赁活动成交的是房屋的使用权。房屋的使用权不能出售、抵押、赠予、继承等，它包含在房屋的所有权之中。

（3）房屋收益权

房屋的收益权是指房主收取房屋财产所产生的各种收益。例如，出租房屋，房主从房客处收取租金。

（4）房屋处分权

房屋处分权是指房屋所有权人在法律许可范围内对其房屋拥有的处置权利。房屋的处分权是所有权中一项最基本的权能。房屋的处分权由房主行使。有时房屋处分权也会受到一定的限制，如房主作为债务人以住房作抵押向债权人借债，若到期不能清偿债务，债权人可以处分房屋并优先受偿。处分有事实处分和法律处分两种情况。

3. 房屋他项权力类型

房屋他项权利是指由房屋的所有权衍生出来的典权、租赁权、抵押权、继承权等权利。

（1）典权

典权是指房屋所有权拥有者有将其房屋典当给他人以获得利益的权利。房屋典当，是指承典人用价款从房屋所有人手中取得使用房屋的权利的行为。

承典人与出典人（房屋所有人）要订典契，约定回赎期限（即存续期），一般期限是3~10年。到期由出典人还清典价，赎回房屋。

典价无利息，房屋无租金。典契中一般规定，到期不赎的，由承典人改典为买，也可经双方协商，续期再典。承典人除占有房屋供自己使用外，在典权存续期内，还可以将房屋转典，或出租给他人，并且可以典权作为抵押权的标的物。

（2）租赁权

租赁权是指房屋所有权人有将其房屋租赁给他人的权利。房屋租赁，是指房屋的所有人作为出租人将其房屋出租给承租人使用，由承租人支付租金的行为。承租人取得房屋使用权后，未经出租人同意不得随便处置所承租的房屋，除非租赁合同另有规定，否则就是违法行为。

（3）抵押权

抵押权是指房屋所有权人有将其房屋抵押给他人的权利。房屋抵押，是指抵押人以其合法的房屋以不转移占有的方式提供债务履行担保的行为。债务人不履行债务时，抵押权人有权依法以抵押的房屋拍卖所得的价款优先受偿。

（4）继承权

房屋继承权是指被继承人死亡后，继承人可以依法继承被继承人的合法房产并归为其所有的权力。

4. 房屋全部产权和部分产权

房屋的全部产权是指按市场价和成本价购买的房屋，购房者拥有全部产权。经济适用房也属于全部产权。

房屋的部分产权是指职工按标准价购买的公有住宅。在国家规定的住房面积之内，职工按标准价购房后只拥有部分产权，可以继承和出售，但出售时原产权单位有优先购买权，售房的收入在扣除有关税费后，按个人和单位所占的产权比例进行分配。

部分产权与全部产权的不同之处在于，部分产权虽然具有永久使用权和继承权，但在出售时要与原售房单位分割收益。目前，已经取消标准价售房方式，原按标准价向职工售卖的公房，提倡职工补足成本价价款，转为全部产权。

5. 房地产确权

确权是依照法律、政策的规定，经过房地产申报、权属调查、地籍勘丈、审核批准、登记注册、发放证书等登记规定程序，确认某一房地产的所有权、使用权的隶属关系和他项权利。

根据房地产相关法律法规的规定，下列违法私房不予确认产权：

1）占用道路、广场、绿地、高压供电走廊和压占地下管线或者其他严重影响城市规划又不能采取改正措施的。

2）占用农业保护区用地的。

3）占用一级水源保护区用地的。

4）非法占用国家所有的土地或者原农村用地红线外其他土地的。

第 4 章 房地产规划

4.1 城市规划

1. 城市规划概念

城市规划是对一定时期内城市的经济和社会发展、土地利用、空间布局以及各项建设的综合部署、具体安排和实施管理。

城市规划分为总体规划和详细规划。详细规划分为控制性详细规划和修建性详细规划。

2. 城市总体规划内容

城市总体规划的内容包括城市的发展布局，功能分区，用地布局，综合交通体系，禁止、限制和适宜建设的地域范围，各类专项规划等。

规划区范围、规划区内建设用地规模、基础设施和公共服务设施用地、水源地和水系、基本农田和绿化用地、环境保护、自然与历史文化遗产保护以及防灾减灾等内容，是城市总体规划的强制性内容。

城市总体规划的规划期限一般为二十年。城市总体规划还应当对城市更长远的发展做出预测性安排。

3. 城市控制性详细规划内容

城市控制性详细规划主要包括以下内容：

1）土地使用性质及其兼容性等用地功能控制要求。

2）容积率、建筑高度、建筑密度、绿地率等用地指标。

3）基础设施、公共服务设施、公共安全设施的用地规模、范围及具体控制要求，地下管线控制要求。

4）基础设施用地的控制界线（黄线）、各类绿地范围的控制线

（绿线）、历史文化街区和历史建筑的保护范围界线（紫线）、地表水体保护和控制的地域界线（蓝线）等"四线"及控制要求。

4.2　居住区规划

1. 城市居住区

城市居住区一般称居住区，泛指不同居住人口规模的居住生活聚居地和特指被城市干道或自然分界线所围合，并与居住人口规模 30 000~50 000 人相对应，配建有一整套较完善的、能满足该区居民物质与文化生活所需的公共服务设施的居住生活聚居地。

2. 居住小区

居住小区一般称小区，是指被居住区级道路或自然分界线所围合，并与居住人口规模 7 000~15 000 人相对应，配建有一套能满足该区居民基本的物质与文化生活所需的公共服务设施的居住生活聚居地。

3. 居住组团

居住组团一般称组团，是指一般被小区道路分隔，并与居住人口规模 1000~3000 人相对应，配建有居民所需的基层公共服务设施的居住生活聚居地。组团由若干幢住宅组成，通常是构成居住区的基本单位。

4. 居住区用地类型

（1）居住区用地

居住区用地是住宅用地、公共服务设施用地、道路用地和公共绿地等四项用地的总称（图 4-1）。

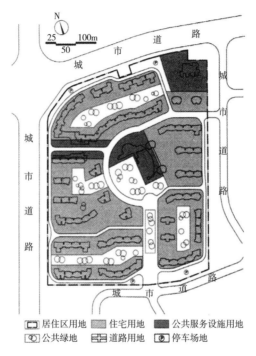

图 4-1　居住区用地

1）住宅用地。住宅用地是住宅建筑基底占地及其四周合理间距内的用地（含宅间绿地和宅间小路等）的总称。

2）公共服务设施用地。公共服务设施用地又称公建用地，是与居住人口规模相对应配建的、为居民服务和使用的各类设施的用地，应包括建筑基底占地及其所属场院、绿地和配建停车场等。

3）道路用地。道路用地是指居住区道路、小区路、组团路及非公建配建的居民小汽车、单位通勤车等停放场地。

4）公共绿地。公共绿地是指满足规定的日照要求，适合于安排游憩活动设施的、供居民共享的游憩绿地，应包括居住区公园、小游园和组团绿地及其他块状、带状绿地等。

公共绿地总指标应根据居住人口规模分别达到：组团不小于 0.5m²/ 人，小区（含组团）不小于 1m²/ 人，居住区（含小区与组团）不小于 1.5m²/ 人，并应根据居住区规划组织结构类型统一安排、灵活使用，旧区改造不得低于相应指标的 50%。

（2）其他用地

其他用地是指规划范围内除居住区用地以外的各种用地，应包括非直接为本区居民配建的道路用地、其他单位用地、保留的自然村或不可建设用地等。

4.3　居住区道路规划

1. 居住区道路划分

居住区内道路分为居住区（级）道路、小区（级）路、组团（级）路和宅间小路。

居住区（级）道路是指一般用以划分小区的道路，在大城市中通常与城市支路同级。

小区（级）路是指一般用以划分组团的道路。

组团（级）路是指上接小区路，下连宅间小路的道路。

宅间小路是指房屋建筑之间连接各房屋入口的道路。

2. 居住区道路设置规定

（1）道路宽度规定

1）居住区道路：红线宽度不宜小于 20m。

2）小区道路：路面宽 6~9m，建筑控制线之间的宽度，采暖区不宜小于 14m，非采暖区不宜小于 10m。

3）组团路：路面宽 3~5m，建筑控制线之间的宽度，采暖区不宜小于 10m，非采暖区不宜小于 8m。

4）宅间小路：路面宽不宜小于 2.5m。

（2）居住区内道路设置规定

1）小区内道路至少应有两个出入口，机动车道对外出入口的间距不应小于 150m，人行出口的间距不宜超过 80m。

2）居住区内道路与城市道路相接时，其交角不宜小于 75°。

3）居住区内尽端式道路的长度不宜大于 80m，并设不小于 12m×12m 的回车场地（图 4-2）。

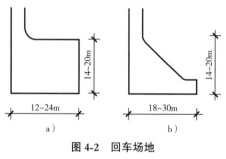

图 4-2　回车场地

a）形式一　b）形式二

（3）停车场设置规定

1）居民汽车停车率（居住区内居民汽车的停车位数量与居住户数的比率）不应小于 10%。

2）居住区内地面停车率（居住区内居民汽车的地面停车位数量与居住户数的比率）不宜超过 10%。

3）居民停车场、库的布置应方便居民使用，服务半径不宜大于 150m。

4）居民停车场、库的布置应留有必要的发展余地。

4.4　居住区公共服务设施规划

1. 居住区公共服务设施类型

居住区公共服务设施也称为配套公建，是为满足居民物质和文化生活的需要而配套建设的设施，具体包括以下几类。

1）教育：如托儿所、幼儿园、小学、中学。

2）医疗卫生：如医院、诊所、卫生站、护理院。

3）文化体育：如文化活动中心（站）、居民运动场馆、居民健身设施。

4）商业服务：如超市、餐饮店、中西药店、书店、便利店。

5）金融邮电：如银行、电信支局、邮局。

6）社区服务：如社区服务中心、治安联防站、居委会。

7）市政公用：如供热站或热交换站、变电室、开闭所、路灯配电室、燃气调压站、高压水泵房、公共厕所、垃圾转运站、垃圾收集点、居民停车场（库）、消防站、燃料供应站。

8）行政管理及其他：如街道办事处、市政管理机构（所）、派出所、人防地下室。

2. 居住区公共服务设施分级配建

公共服务设施按住宅规模有以下分类。

（1）居住组团

人口规模为 3000 人左右的住宅群，其公共服务设施应有居民服务站、小商店、垃圾收集点、居民停车场等。

（2）居住小区

人口规模在 1 万人左右的住宅群，其公共服务设施包括托儿所、幼儿园、小学、银行、邮局、菜店、理发店、小修理门市部、超市、废物回收站、居委会、变电所、公共厕所等。

（3）居住区

人口规模在4万~5万人，其公共服务设施包括医院、银行、邮局、电影院、科技文化馆、青少年之家、运动场、超市、街道办事处、派出所、商业管理机构等。

4.5　居住区规划经济技术指标

1.建设用地面积和建筑面积

（1）建设用地面积

建设用地面积也称总占地面积，是指城市规划行政主管部门确定的建设用地位置和界线所围合的用地之水平投影面积，不包括代征的面积。

（2）总建筑面积

总建筑面积也叫建筑展开面积，是建筑物各层水平投影面积的总和，包括使用面积、辅助面积和结构面积三项。使用面积指建筑物各层平面中直接为生产或生活使用的净面积的总和。在居住建筑中的使用面积也称"居住面积"。辅助面积是指建筑物各层平面为辅助生产或生活活动所占的净面积的总和，如居住建筑中的楼梯、走道、厕所、厨房等。使用面积与辅助面积的总和称为"有效面积"。结构面积是指建筑物各层平面中的墙、柱等结构所占面积的总和。

（3）建筑基底面积

建筑基底面积是指建筑物首层的建筑面积。

（4）小区总建筑面积

小区总建筑面积是指小区内住宅、公共建筑和人防地下室的面积总和。

（5）公用建筑面积

公用建筑面积不包括任何作为独立使用空间租、售的地下室、车棚等面积，作为人防工程的地下室也不计入公用建筑面积。一般公用建筑面积按以下方法计算：整栋建筑物的面积扣除整栋建筑物各套（单元）套内建筑面积之和，并扣除已作为独立使用空间销售或出租的地下室、车棚及人防工程等建筑面积，为整栋建筑的公用建筑面积。

（6）绿地面积

绿地面积是指能够用于绿化的土地面积，包括公共绿地、宅旁绿地、公共服务设施所属绿地和道路绿地（即道路红线内的绿地），不包括屋顶绿化、晒台垂直绿化和覆土厚度小于 2m 的土地。

2. 容积率

容积率是指建设用地内的总建筑面积与建设用地面积之比，一般用小数表示。地下停车库、架空开放的建筑底层等建筑面积在计算容积率时可不计入。容积率越小，意味着居住生活质量越高。

例如，某宗建设用地总面积为 100 000m²，该用地内各类建筑物的总建筑面积为 300 000m²，则容积率为 3。对住宅使用人来说，一般情况下容积率越低越好。

3. 建筑密度

建筑密度即建筑覆盖率，是指建筑基底面积占建设用地面积的百分比。它可以反映出一定用地范围内的空地率和建筑密集程度，是反映环境质量的一个重要指标。

对某个居住区来说，建筑密度越小，说明该居住区的活动场所、绿地等面积越大，也就意味着其居住环境质量越高。因此，对住宅使用人来说，一般情况下建筑密度越小越好。

4. 绿地率和绿化率

（1）绿地率

在居住区用地范围内，绿地率是指各类绿地面积总和占居住区用地面积的比例。

绿地率是反映环境质量的一个重要指标。对住宅使用人来说，一般情况下绿地率越高越好。

（2）绿化率

绿化率即绿化覆盖率，是指在建设用地范围内全部绿化种植物水平投影面积之和与建设用地面积的比率（%），树的影子也被算入绿化覆盖面积。绿化覆盖率一般大于绿地率。

5. 建筑间距

建筑间距是指两栋建筑物（如两幢住宅楼）外墙面之间的水平距离。建筑间距主要是根据所在地区的日照、通风、采光、防止噪声和视线干扰、防火、防震、绿化、管线埋设、建筑布局形式，以及节约用地等要求，综合考虑确定。

住宅的布置，通常以满足日照要求作为确定建筑间距的主要依据。板式住宅，多层之间不宜小于6m，高层与各种层数住宅之间不宜小于13m。高层塔式住宅，多层和中高层点式住宅与侧面有窗的各种层数住宅之间应考虑视线干扰因素，适当加大间距。对住宅使用人来说，一般情况下建筑间距越大越好。

6. 人口密度

人口毛密度是指每公顷居住区用地上容纳的规划人口数量（人 /hm²）。

人口净密度是指每公顷住宅用地上容纳的规划人口数量（人 /hm²）。

7. 住宅建筑套密度

住宅建筑套密度（毛）是指每公顷居住区用地上拥有的住宅建筑套数（套 /hm²）。

住宅建筑套密度（净）是指每公顷住宅用地上拥有的住宅建筑套数（套 /hm²）。

8. 住宅建筑面积密度

住宅建筑面积毛密度是指每公顷居住区用地上拥有的住宅建筑面积。

住宅建筑面积净密度也称住宅容积率，是指每公顷住宅用地上拥有的住宅建筑面积（m²/hm²）或以住宅建筑总面积（万 m²）与住宅用地（万 m²）的比值表示，具体见表 4-1。

表 4-1　住宅容积率

住宅层数	住宅容积率		
	Ⅰ、Ⅱ、Ⅵ、Ⅶ 建筑气候区划	Ⅲ、Ⅴ 建筑气候区划	Ⅳ建筑气候区划
低层	1.10	1.20	1.30
多层	1.70	1.80	1.90
中高层	2.00	2.20	2.40
高层	3.50	3.50	3.50

注：混合层数取两者的指标值作为控制指标的上、下限值；本表不计入地下层面积。

9. 居住区建筑面积毛密度

建筑面积毛密度也称容积率，是指每公顷居住区用地上拥有的各类建筑的建筑面积（m²/hm²）或以总建筑面积（万 m²）与居住区用地（万 m²）的比值表示。

10. 住宅建筑净密度

住宅建筑净密度是指住宅建筑基底总面积与住宅用地的比率。住宅建筑净密度最大值不得超过表 4-2 中相对应的值。

表 4-2　住宅建筑净密度最大值

住宅层数	住宅建筑净密度最大值（%）		
	Ⅰ、Ⅱ、Ⅵ、Ⅶ 建筑气候区划	Ⅲ、Ⅴ 建筑气候区划	Ⅳ建筑气候区划
低层	35	40	43
多层	28	30	32
中高层	25	28	30
高层	20	20	22

注：混合层取两者的指标值作为控制指标的上下限值。

11. 其他常见规划指标

（1）建筑限高

建筑限高是指地块内允许的建筑（地面上）最大高度限制。

（2）规划形态

规划形态是指这一项目的具体建筑构成。譬如一个项目一共由几栋楼宇组成，每栋楼宇的使用性质是什么，单栋楼宇的地上有几层，地下有几层，每一层的具体用途是什么。

（3）房屋平均层数

房屋平均层数是指房屋总建筑面积与房屋基底总面积的比值。

（4）高层住宅比率

高层住宅比率是指高层住宅总建筑面积与住宅总建筑面积的比率（％）。

（5）中高层住宅比率

中高层住宅比率是指中高层住宅总建筑面积与住宅总建筑面积的比率（％）。

（6）拆建比

拆建比是指新建的建筑总面积与拆除的原有建筑总面积的比值。

（7）停车泊位

停车泊位是指地块内应配置的停车位数量。

12. 控制界线类型

（1）用地红线

用地红线是指经城市规划行政主管部门批准的建设用范围的界线。在规划图中一般用红线标示，故称之为用地红线。

（2）道路红线

道路红线是指城市道路（含居住区级道路）用地的规划控制线，即城市道路用地与两侧建筑用地及其他用地的分界线。一般情况下，道路红线就是建筑红线，任何建筑物（包括台阶、雨罩）不得越过道路红线。根据城市景观的要求，沿街建筑物可以从道路红线外侧退后建设。

（3）建筑红线

建筑红线一般称建筑控制线，是建筑物基底位置（外墙、台阶等）的控制线。

（4）建筑后退红线距离

建筑后退红线距离是指建筑控制线与道路红线或道路边界、地块边界的距离。

（5）城市绿线

城市绿线是指城市各类绿地范围的控制线。城市绿线范围内的用地不得改作他用；在城市绿线范围内，不符合规划要求的建筑物、构筑物及其他设施应当限期迁出。

（6）城市紫线

城市紫线是指国家历史文化名城内的历史文化街区和省、自治区、直辖市人民政府公布的历史文化街区的保护范围界线，以及历史文化街区外经县级以上人民政府公布保护的历史建筑的保护范围界线。在城市紫线范围内禁止对历史文化街区传统格局和风貌构成影响的大面积改建、损坏或者拆毁保护规划确定保护的建筑物、构筑物和其他设施。

（7）城市黄线

城市黄线是指对城市发展全局有影响的、城市规划中确定的、必须控制的城市基础设施用地的控制界线。

（8）城市蓝线

城市蓝线是指城市规划确定的江、河、湖、库、渠和湿地等城市地表水体保护和控制的地域界线。

第 5 章 房地产建筑工程

5.1　房屋建筑

1. 建筑物及其分类

建筑物广义是指人工建筑而成的所有东西；狭义即指房屋，指有基础、墙、顶、门窗等，能够遮风挡雨，供人们在内居住、工作、娱乐、储藏物品、纪念或进行其他活动的空间场所，不包含构筑物（构筑物是指房屋以外的建筑，人们一般不直接在内进行生产和生活活动，如烟囱、水塔、水井、隧道等）。

根据建筑物的使用性质，建筑物分为以下 3 类。

（1）民用建筑

民用建筑是指供人们居住和进行各种公共活动的建筑，根据其使用功能，又分为居住建筑和公共建筑。居住建筑是指供人们居住使用的建筑，包括住宅、公寓、集体宿舍等。公共建筑是指供人们进行各种公共活动的建筑，包括办公建筑、商业建筑、旅馆建筑、文化建筑、教育建筑、卫生建筑、体育建筑、交通建筑等。

（2）工业建筑

工业建筑是指供人们从事各种工业活动的建筑，如厂房、仓库等。

（3）农业建筑

农业建筑是指供人们从事各种农业活动的建筑，如粮库、温室等。

2. 低层房屋、多层房屋和高层房屋

（1）低层房屋

低层房屋是指高度低于或等于 10m 的建筑物，一般是 1~3 层建筑物，包括平房、别墅等。低层房屋一般建筑结构简单，施工期短，建造成本低廉，舒适度、方便度和空间尺度优于高层。但是，低层

房屋占地多，土地利用率低。

（2）多层房屋

多层房屋是指一般为 4~6 层的建筑物，一般采用砖混结构，少数采用钢筋混凝土结构。多层房屋一般规格（户型）整齐，通风采光状况好，空间紧凑而不闭塞。与高层相比，多层房屋公用面积小，得房率相应提高。

（3）高层房屋

高层房屋是指 10 层及以上的建筑体，因为建筑结构和建筑形态（点状居多）的局限，户型设计难度大，要做到每套室内全明、采光通风良好是有很大难度的。

高层房屋单位建筑面积土地成本（即楼面地价）低，视野开阔，景观系数高，尘土、噪声、光线污染也少，建筑结构强度高，整体性强。但高层房屋结构工艺比较复杂，材料性能要求高，自重大，对基础要求高，施工难度较大，建筑造价相应提高。高层房屋电梯、楼道、机房、技术层等公用部位占用面积大，得房率低。

小高层房屋是指小于 36m 的 7~11 层的建筑体，一般采用钢筋混凝土结构，带电梯。小高层有多层亲切安宁、户型好、得房率高的特点，又有普通高层结构强度高、耐用年限高、景观系数高、污染程度低等优点，同时，小高层对土地的利用率提高，土地成本相对下降，很受房地产开发企业的青睐。

超高层房屋是指 100m 以上的建筑体。超高层房屋楼面地价最低，但建筑安装成本高。超高层房屋一般建在城市黄金地段（最大限度地利用土地资源）或景观良好的城区（最充分地发挥景观资源的作用）。

3. 房屋层数及其计算方法

房屋总层数是地上层数加地下层数之和。房屋所在层数是指房屋的层次，采光窗在室外地坪以上的层数用自然数表示，地下的层数用负数表示。房屋层高在 2.20m（含）以上的计算层数。

房屋地上层数的计算方法：一般按室内地坪以上计算。采光窗在室外地坪以上的半地下室，其室内层高在 2.20m（含）以上的，计算地上层数。

房屋地下层数是指采光窗在室外地坪以下的，其室内层高在 2.20m（含）以上的地下室的层数。

4.自然层和设备层

自然层是指楼层高度在 2.2m 以上的标准层及在 2.70m 以上的住宅。设备层是指建筑物的自然层内，用做水、电、暖、卫生等设备安装的局部层，如图 5-1 所示。

5.地下室和半地下室

地下室是指房屋全部或部分在室外地坪以下的部分（包括层高在 2.2m 以下的半地下室），房间地面低于室外地平面的高度超过该房间净高的 1/2 者，如图 5-2 所示。

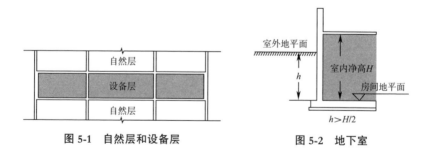

图 5-1　自然层和设备层　　　图 5-2　地下室

半地下室是指其地面低于室外地平面的高度超过该房间净高的 1/3，且不超过 1/2 者，如图 5-3 所示。

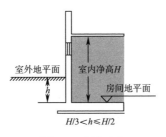

图 5-3　半地下室

5.2　住宅建筑

1. 层高和净高

（1）层高

住宅的层高是指住宅高度以"层"为单位计量，每一层的高度国家在设计上有要求，这个高度就叫做层高。它通常包括下层地板面或楼板面到上层楼板面之间的距离，如图 5-4 所示。

（2）净高

住宅的净高是指下层地板面或楼板上表面到上层楼板下表面之间的距离，如图 5-5 所示。

净高和层高的关系可以用公式来表示：净高 = 层高 − 楼板厚度，即层高和楼板厚度的差叫做净高。

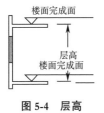

图 5-4　层高

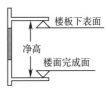

图 5-5　净高

2.开间和进深

（1）开间

开间就是房间的宽度，是指一间房屋内一面墙皮到另一面墙皮之间的实际距离。住宅开间一般不超过 3.0~3.9m，砖混结构住宅开间一般不超过 3.3m。规定较小的开间尺度，可缩短楼板的空间跨度，增强住宅结构整体性、稳定性和抗震性。

（2）进深

进深即房间的长度，是指一间独立的房屋或一幢居住建筑从前墙皮到后墙壁之间的实际长度。进深大的住宅可以有效地节约用地，但为了保证建成的住宅可以有良好的自然采光和通风条件，住宅的进深在设计上有一定的要求，不宜过大。

（3）合理的开间进深比例

房屋的进深和开间比例是否合理会影响它的采光，一般来说，居住起来比较舒适的进深和开间比例是 6∶4，进深越短，开间越大，居住起来越舒适。不同建筑类型房屋对进深的要求会有所差异。

1）板楼进深 12.5m 比较合理。南北或者东西通透的板式住宅楼为了避免黑房间，包括客厅和餐厅在内的起居室的进深在 12.5m 左右是比较合理的，超过 15m 的进深，中间就会有黑厅。

卧室和书房的进深在 6m 左右是比较合理的，超过 7m 就过于狭长。

2）塔楼里开采光槽，缩短进深。塔式住宅楼一层多户，大多数房间肯定不能做到南北都有窗户，可能只有一个方向的采光。而且因为塔楼的楼型特点，有的房间的进深就会大一点，所以，塔楼的楼型设计中，就会有一些槽，外墙很曲折，形成一些采光井、采光槽，使塔楼里的房间采光面更多，这些采光井和采光槽也使单个房间的进深变短。

3）别墅的进深比较大，中间设计天井。在一些别墅中，有的起居室的进深也超过了 15m，有的达 19m 或者 20m 以上，但是在这样的住宅里，一般设在一层的起居室面积都比较大，而且，在起居室的中间会设计一个一直通到顶层的内天井，利于采光和通风。

3. 住宅基本功能空间

（1）玄关

玄关就是登堂入室第一步所在的位置，可以有放雨伞、挂雨衣、换鞋、搁包、接收邮件、简单会客等功能。

（2）过道

过道是指住宅套内使用的水平交通空间。

（3）卧室

卧室是指供居住者睡眠、休息的空间。双人卧室不小于 $10m^2$，单人卧室不小于 $6m^2$，兼起居室的卧室不小于 $12m^2$。卧室要有足够的采光，其应符合 1∶7 的窗地比。主卧室平面以规则长方形且带阳台为佳，净长与净宽比一般为 3∶2 或 8∶5。

（4）起居室

起居室即客厅，是指供居住者会客、娱乐、团聚等的活动空间。其使用面积不应小于 $12m^2$，宜有直接采光，自然通风，减少直接开向起居室门的数量，但应与入户门相连。起居室内布置家具的墙面直线长度不应小于 3m；无直接采光的厅其使用面积不应大于 $10m^2$；客厅平面以规则的矩形为宜，且至少有一面墙上无门、无窗。

（5）厨房

厨房是指供居住者进行炊事活动的空间。使用面积在 $45m^2$ 以内的户型中厨房面积不应小于 $4m^2$，使用面积在 $68m^2$ 以内的户型中厨房面积不应小于 $5m^2$。应有直接采光，自然通风，并宜布置在套内近入口处。

（6）餐厅

餐厅是供居住者就餐的活动空间。独立餐厅面积不宜小于 $6m^2$，应与厨房紧密相连。无独立餐厅时可与客厅或厨房相连，利用软隔断将一个空间分为两个空间，但其在面积上应满足基本的使用要求。

（7）卫生间

卫生间是指供居住者进行洗浴、盥洗等活动的空间。设坐便器、洗浴器、洗面器三件卫生洁具，不小于 $3m^2$，其净宽不小于 1.5m，净长不小于 2m；设坐便器、洗浴器两件卫生洁具，不小于 $2m^2$；只设单坐便器不小于 $1.10m^2$。宜有直接采光的外窗，以达到良好的采光和通风作用。无外窗的卫生间应设通气道及通气的百叶窗。

（8）阳台

阳台泛指有永久性上盖、有围护结构、有台面、与房屋相连、可以活动和利用的房屋附属设施，供居住者进行室外活动、晾晒衣物等的空间。根据其封闭情况分为非封闭阳台和封闭阳台；根据其与主墙体的关系分为凹阳台和凸阳台；根据其空间位置分为底阳台和挑阳台。

1）封闭阳台和非封闭阳台。封闭阳台是指原设计及竣工后均为封闭的阳台。封闭阳台多将阳台栏杆扶手以下用砖或其他材料围护，栏杆扶手以上用玻璃窗围护起来，使阳台既能接受阳光又能遮挡风雨，但仍是独户专用。非封闭阳台是指原设计或竣工后不封闭的阳台。

2）凹阳台和凸阳台。凹阳台是指凹进楼层外墙（柱）体的阳台。凸阳台是指挑出楼层外墙（柱）体的阳台。

3）底阳台和挑阳台。底阳台是房屋一层的阳台。挑阳台是指房屋二层（含二层）以上的阳台。

5.3　建筑结构

建筑结构是建筑物的承重骨架，是建筑物中由承重构件（基础、墙体、柱、梁、楼板、屋架等）组成的体系。它直接关系到建筑物的结构形式、安全性能、使用寿命和室内空间可改造性等。

1. 砖木结构

砖木结构承重的主要结构是用砖、木材建造的，竖向承重构件的墙体、柱等采用砖或砌块砌筑，横向承重构件的梁、楼板、屋架等采用木材制作。该类建筑物的层数一般较低，通常在 3 层以下，抗震性能较差，使用寿命较短（图 5-6）。

图 5-6　砖木结构

2. 砖混结构

砖混结构也称混合结构，主要承重构件用砖、钢筋混凝土制成。其中，竖向承重构件的墙体采用砖或砌块砌筑，柱采用砖或砌块砌筑或钢筋混凝土建造，横向承重构件的梁、楼板、屋面板等采用钢筋混凝土建造。该类建筑物的层数通常在 6 层以下，抗震性能较差，开间和进深的尺寸及层高都受到一定限制（图 5-7）。

3.钢结构

钢结构的主要承重构件是由钢板和型钢等钢材，用焊、铆、螺栓等连接而成的结构。钢结构具有自重轻、强度高、延性好、施工快、抗震性好的特点，但耐火性、耐腐蚀性较差。钢结构多用于超高层建筑、厂房、可移动可拆卸建筑等，造价较高（图5-8）。

图 5-7　砖混结构　　　　　　图 5-8　钢结构

4.钢筋混凝土结构

钢筋混凝土结构简称钢混结构，其结构材料是钢筋混凝土，即钢筋、水泥、粗细骨料（碎石）、水等的混合体。钢筋主要承受拉力，混凝土主要承受压力。这种结构的住宅具有抗震性能好、整体性强、抗腐蚀能力强、经久耐用等优点，并且房间的开间、进深相对较大，空间分割较自由。但这种结构工艺复杂，建筑造价较高。目前，多、高层住宅多采用这种结构（图5-9）。

钢筋混凝土结构又可依结构布置

图 5-9　钢筋混凝土结构

情况分为排架结构、框架结构、剪力墙结构、框架剪力墙结构、筒体结构、框架筒体结构和筒中筒结构等。

5. 框架结构

框架结构是指以钢筋混凝土浇捣成承重梁柱，再用轻质板材隔墙分户装配而成的住宅，适合大规模工业化施工，效率较高，工程质量较好。

框架结构由梁柱构成，构件截面较小，因此框架结构的承载力和刚度都较低。它的受力特点类似于竖向悬臂剪切梁，楼层越高，水平位移越慢，高层框架在纵横两个方向都承受很大的水平力，这时现浇楼面也作为梁共同工作，装配整体式楼面的作用则不考虑，框架结构的墙体是填充墙，起围护和分隔作用。框架结构的特点是能为建筑提供灵活的使用空间。一般多层厂房或小高层民用建筑多属于框架结构。

6. 剪力墙结构

剪力墙是指在框架结构内增设的抵抗水平剪切力的墙体。因高层建筑所要抵抗的水平剪力主要是由地震引起的，故剪力墙又称抗震墙。

剪力墙结构是用钢筋混凝土墙板来代替框架结构中的梁柱，能承担各类荷载引起的内力，并能有效控制结构的水平力，这种用钢筋混凝土墙板来承受竖向和水平力的结构称为剪力墙结构。这种结构在高层房屋中被大量运用，改间隔时不能打剪力墙及随意开洞，以免破坏剪力墙的整体性。

7. 框架剪力墙结构

框架剪力墙结构也称框剪结构，是由框架和剪力墙结构两种不同的抗侧力结构组成的新的受力形式，所以它的框架不同于纯框架结构中的框架，剪力墙在框剪结构中也不同于剪力墙结构中的剪力墙。因为在下部楼层，剪力墙的位移较小，它拉着框架按弯曲型曲线变形，剪力墙承受大部分水平力，上部楼层则相反，剪力墙位移越来越大，有外侧的趋势，而框架则有内收的趋势，框架拉剪力墙按剪切型曲线变形。

8.承重墙结构

承重墙结构的传力途径：屋盖的重量由屋架（或梁柱）承担，屋架支撑在承重墙上，楼层的重量由组成楼盖的梁、板支撑在承重墙上。因此，屋盖、楼层的荷载均由承重墙承担；墙下有基础，基础下为地基，全部荷载由墙、基础传到地基上。砖混结构的房屋就是承重墙结构。

5.4 建筑建造方式

1.现浇现砌式建筑

该类建筑是主要承重构件均在现场浇筑或砌筑而成的建筑。现浇现砌式建筑因梁、楼板、柱等主要承重构件全部在施工现场浇筑或砌筑，在建筑施工质量有保证的情况下，其结构整体性、抗震性和耐久性一般较好。

2.装配式建筑

该类建筑是用预制部品部件在工地装配而成的建筑，按预制构件的形式和施工方法分为砌块建筑、板材建筑、盒式建筑、骨架板材建筑及升板升层建筑五种类型。

装配式建筑因梁、楼板、柱等主要承重构件全部或部分在工厂预制，运到施工现场后再进行装配，其结构整体性、抗震性和耐久性通常不及现浇现砌式建筑。

3. 部分现浇现砌、部分装配式建筑

该类建筑是一部分构件（如墙体）在现场浇筑或砌筑，另一部分构件（如楼板、楼梯）用预制部品部件在工地装配而成的建筑。

5.5 建筑构造

1. 地基和基础

（1）地基

地基是建筑物下面承受建筑物全部荷载的土体或岩体。它不属于建筑物的组成部分。但对保证建筑物坚固耐久等安全十分重要。建筑物必须建造在稳固的地基上。

地基有天然地基和人工地基。未经人工加固处理的地基，称为天然地基；经过人工加固处理的地基，称为人工地基。当岩土具有足够的承载力，不需要经过人工加固处理时，可直接在其上建造建筑物。当岩土的承载力较小，或者虽然较大但上部荷载相对过大时，为使地基具有足够的承载力，应对岩土进行加固。

（2）基础

基础是指建筑物埋在地面以下的承重构件，是建筑物的重要组成部分。它的作用是承受建筑物传下来的全部荷载，并将这些荷载连同自重传给下面的土层。

1）按使用的材料分类。基础按使用的材料，分为灰土基础、砖基础、毛石基础、混凝土基础、钢筋混凝土基础。

2）按埋置深度分类。基础按埋置深度，分为浅基础和深基础。埋置深度不超过5m者称为浅基础，大于5m者称为深基础。

3）按受力性能分类。基础按受力性能，分为刚性基础和柔性基础。刚性基础是指用灰土、三合土、砖、石、混凝土等受压强度大，而受拉强度小的刚性材料做成的基础。砖混结构房屋一般采用刚性基础。柔性基础是指采用钢筋混凝土制成的受压、受拉均较强的基础。

4）按构造形式分类。基础按构造形式，分为条形基础、独立基础、筏板基础、箱形基础、桩基础等。条形基础是呈连续状的带形基础。独立基础是呈独立的块状基础。筏板基础是一块支撑着许多柱或墙体的钢筋混凝土板，板直接作用于地基上，一块整板把所有的单独基础连在一起，使地基的单位面积压力减小。箱形基础通常是采用钢筋混凝土将基础四周的墙、顶板、底板浇筑或刚度很大的箱状形式，其内部空间构成地下室。桩基础是由设置于土中的桩和承接上部结构的承台组成。当建筑场地上部土层较弱、承载力较小，不易采用在天然地基上做浅基础时，宜采用桩基础。

2. 墙体和柱

（1）墙体

墙体可以是围护分割构件，也可以是承重构件。在一般砖混结构房屋中，墙体是主要的承重构件。

1）按墙体在平面中的位置分类。按墙体在平面中的位置，可分为内墙和外墙。凡位于房屋四周的墙称为外墙，其中位于房屋两端的墙称为山墙。凡位于房屋内部的墙称为内墙。外墙主要起围护作用；内墙主要起分隔房间的作用。

2）按墙体受力情况分类。按墙体受力情况，可分为承重墙和非承重墙。直接承受上部传来荷载的墙称为承重墙，而不承受外来荷载的墙称为非承重墙。非承重墙是仅承受自重的墙体，其中，仅承受自重并将其传给基础的墙体，称为承自重墙；仅起着分隔空间作用，自重由楼板或梁来承担的墙体，称为隔墙或隔断。

3）按墙体的构造方式分类。按墙体的构造方式，可分为实体墙、空心墙和复合墙。实体墙是用普通砖和其他实心砖块砌筑而成的墙体。空心墙是墙体内部中有空腔的墙体。复合墙是用两种或两种以上材料组合而成的墙体，如加气混凝土复合板材墙。

4）按墙体所用的材料分类。按墙体所用的材料，可分为砖墙、砌块墙、混凝土墙、石墙、木墙等。

（2）柱

柱是建筑物垂直承重构件。它承受屋顶、楼板层传来的荷载，连同自重一起传给基础。在装修改造中，柱也是不能被破坏的。

3. 地面、楼板、屋顶和梁

（1）地面

地面是指建筑物底层的地坪，其基本组成有面层、垫层和基层三部分。对于有特殊要求的地面，还设有防潮层、保温层、找平层等构造层次。

面层是人们日常生活、工作、生产直接接触的地方，应坚固耐磨、平整、防滑、易清洁、不起尘、电绝缘性好。垫层是在面层之下、基层之上，承受由面层传来的荷载，并将荷载均匀地传至基层。基层是在垫层下面的土层。

（2）楼板

楼板是水平承重构件，主要承受作用在它上面的竖向荷载，并将它们连同自重一起传给墙或柱，同时将建筑物分为若干层。楼板对墙身还起着水平支撑作用。楼板通常由面层、结构层、附加层（保温层、隔声层等）和顶棚等构成，对楼板面层的要求与地面面层相同。楼板按其使用的材料，可分为木楼板和钢筋混凝土楼板。

1）木楼板。木楼板自重轻，构造简单，保温性能好，但耐久和耐火性差，一般较少采用。

2）钢筋混凝土楼板。钢筋混凝土楼板具有强度高，刚性好，耐久、防火、防水性能好，又便于工业化生产等优点，是现在广为使用的楼板类型。钢筋混凝土楼板按照施工方法可分为现浇和预制两种。预制楼板的隔声较好，整体性较差；现浇楼板的整体性较好，隔声较差。在地震易发地区，宜采用现浇楼板。

（3）屋顶

屋顶是建筑物最上层的覆盖构造层。它既是承重构件，又是围护构件，它承受作用在其上的各种荷载并连同屋顶结构自重一起传给墙或柱；同时又起到保温、防水等作用。屋顶通常由屋面、保温隔热层、承重结构层和顶棚等构成，按屋面形式大体可分为四类：平屋顶、坡屋顶、曲面屋顶及多波式折板屋顶。

1）平屋顶。平屋顶屋面的最大坡度不超过10%，民用建筑常用坡度为1%~3%。一般是用现浇和预制的钢筋混凝土梁板做承重结构，屋面上做防水及保温处理。

2）坡屋顶。坡屋顶屋面坡度较大，在10%以上。有单坡、双坡、四坡和歇山等多种形式。单坡用于小跨度的房屋，双坡和四坡用于跨度较大的房屋。常用屋架做承重结构，用瓦材做屋面。

3）曲面屋顶。曲面屋顶屋面形状为各种曲面，如球面、双曲抛物面等。承重结构有网架、钢筋混凝土整体薄壳、悬索结构等。

4）多波式折板屋顶。多波式折板屋顶是由钢筋混凝土薄板制成的一种多波式屋顶。折板的厚度约为 60mm，折板的波长为 2~3m，跨度为 9~15m，折板的倾角在 30°~38°。按每个波的截面形状又有三角形及梯形两种。

（4）梁

梁是跨过空间把楼板或屋顶荷载传给承重墙或柱的横向承重构件。根据所用的材料，分为木梁、钢筋混凝土梁、钢梁等。根据力的传递路线，分为主梁和次梁。根据梁与支撑的连接状况，分为简支梁、连续梁、悬臂梁等。此外还有过梁和圈梁。过梁是设置在门窗等洞口上方的承受上部荷载的构件。圈梁是为提高建筑物整体结构的稳定性，沿建筑物的全部外墙和部分内墙设置的连续封闭的梁。

4. 门窗

（1）门

门是建筑物的围护构件或分隔构件，不承重。门的主要作用是交通出入、联系和分隔空间，如可以连接和关闭两个或多个空间的出入口。带玻璃的门还可起着采光等作用，带窗户或帘子的门还可起着通风、挡蚊虫等作用。门由门框、门扇、门把手、门锁、密封条等组成。

根据门所在的位置，分为围墙门、单元门、入户门、室内门（如卧室门、厨房门、卫生间门）等。

根据门的功能，分为防盗门（入户门一般应为防盗门）、安全门、防火门等。

根据门的开启方式，分为平开门（常见于入户门、卧室门）、推拉门（常见于厨房门、衣帽间门、淋浴房门）、折叠门（常见于隔断门）、卷帘门（常见于车库门）、旋转门等。

根据门所用的材料，分为木门、钢门、铁门、铝合金门、玻璃门等。

（2）窗

窗的主要作用是采光、通风、日照及观望（包括观景）。窗的采光作用主要取决于窗的面积。窗洞口面积与该房间地面面积之比称为窗地比。此比值越大，采光性能越好。一般居住房间的窗地比为 1 : 7 左右。窗由窗框、窗扇（包括玻璃）、窗把手、密封条、窗台板等组成，其中的玻璃有单层玻璃、双层或多层玻璃（又有普通双层玻璃、中空玻璃、三层真空玻璃）。

根据窗在建筑物中的位置，分为侧窗和天窗。

根据窗的开启方式，分为普通平开窗（又分为侧开窗和悬窗，内开窗和外开窗）、平开内倒窗、推拉窗、旋转窗、固定窗（仅供采光或眺望，不能通风）。

根据窗所用的材料，分为木窗、钢窗、塑料窗、铝合金窗等。

此外，还有凸窗（飘窗）、落地窗、老虎窗、转角窗、百叶窗、纱窗以及自动开关的窗户（简称自动窗）等。

5. 楼梯

楼梯是房屋各层之间交通连接的设施，一般设置在建筑物的出入口附近，也有一些楼梯设置在室外。两层或两层以上的建筑物必须有垂直交通设施，其主要形式有楼梯和电梯。低层和多层住宅一般以楼梯为主。在层数较多或有特殊需要的建筑物中，通常安装有电梯，同时为了消防和紧急疏散的需要，必须设置楼梯。

（1）楼梯的构成

楼梯是由楼梯段、休息平台、栏杆和扶手等部分组成的。

楼梯段是联系两个不同标高平台的倾斜构件，由连续的一组踏步所构成，其宽度应根据人流量的大小、家具和设备的搬运以及安全疏散的原则确定，其最大坡度不宜超过 38°，以 26°~33° 较为适宜。

休息平台也称中间平台，是两层楼面之间的平台。当楼梯踏步超过 18 步时，应在中间设置休息平台，起缓冲休息的作用。休息平台由台梁和台板组成。平台的深度应使在安装暖气片以后的净宽度不小于楼梯段的宽度，以便于人流通行和家具搬运。

栏杆和栏板是布置在楼梯段和平台边缘有一定刚度和安全度的拦隔设施。通常楼梯段靠墙一侧临空。在栏板上面安置扶手，扶手的高度应高出踏步 900mm 左右。

（2）楼梯的分类

楼梯根据其在建筑物中的位置，分为室内楼梯和室外楼梯。

根据使用性质，分为室内主要楼梯、辅助楼梯、室外安全楼梯、防火楼梯。

根据所用的材料，分为木楼梯、竹楼梯、石楼梯、钢筋混凝土楼梯、钢楼梯等。

根据楼层间楼梯段的数量和上下楼层方式，分为直跑式楼梯（又分单跑式楼梯、多跑式楼梯）、折角式楼梯、双分式楼梯、剪刀式楼梯、螺旋式楼梯、曲线式楼梯等。

根据结构形式，分为板式楼梯、梁式楼梯、悬挑楼梯。

5.6　房屋建筑图

1. 建筑施工图

建筑施工图是用正投影原理绘制出来的，用立面图及屋顶平面图表示建筑的外部，用平面图及剖面图表示其内部，用大样图表示细部做法。

一幢建筑物从施工到建成，需要有全套的建筑施工图纸作为指导，一般一套图纸有几十张到几百张。阅读这些施工图纸要先从大方面看，然后再阅读细小部分，先粗看，再细看，平面图、立面图、剖面图和详图结合看。具体说，要先从建筑平面图看起，若建筑施工图第一张是总平面图，要看清楚新建建筑物的具体位置和朝向，以及其周边建筑物、构筑物、设施、道路、绿地等的分布或布置情况，以及各单元户型情况；平面图与立面图对照，看外观及材料做法；配合剖面图看内部分层结构；最后看详图了解必要的细部构造、具体尺寸与做法。

2. 建筑总平面图

建筑总平面图是在绘有等高线或加上坐标方格网的地形图上，画原有的和拟建的建筑物及构筑物的外轮廓的水平投影，是用来说明建筑场地内的房屋、道路、绿化等的总体布置的平面图。建筑总平面图的内容如下：

1）该建筑场地的位置、形状、大小。

2）建筑物在场地内的位置及与邻近建筑物的相对位置。

3）场地内的道路布置与绿化安排。

4）建筑物的朝向（通常用指北针或风玫瑰图表示）。指北针表示图纸中建筑平面布置的方位，指针头部注有"北"或"N"字，表示北方向。风玫瑰图是绘制出的某个地区在一定时期（如年、季、月）内各个风向出现的频率或各个风向的平均风速的统计图。

5）建筑物首层室内地面与室外地坪及道路的绝对标高。标高是地面或建筑物上的一点和作为基准的水平面之间的垂直距离，有绝对标高和相对标高。建筑总平面图上的室外地坪标高通常采用绝对标高，其余图纸一般采用相对标高。相对标高是指把首层室内地面的绝对标高定为相对标高的零点，以"±0.000"表示，高于它的为正数标高，在数字前不注"＋"；低于它的为负数标高，在数字前注"－"。

6）扩建建筑物的预留地。

7）总平面地形变化较大的，一般还画有等高线。

3. 建筑平面图

建筑平面图是指用一水平面在建筑的窗台以上距地约 1m 处切开，去掉建筑上部，余下部分的水平投影图，切断部分用粗线，可见部分用细线表示。

建筑平面图有以下几种类型。

1）底层平面图，表示第一层房间的布置、建筑入口、门厅及楼梯等。

2）标准层平面图，表示中间相同的各层平面布置。

3）顶层平面图，表示房屋最高层的平面布置。

4）屋顶平面图，即屋顶平面的水平投影。

建筑平面图的内容如下：

1）建筑物的平面形状，出口、入口、走廊、楼梯、房间、阳台等的布置和组合关系。

2）建筑物及其组成房间的名称、尺寸和墙厚。

3）走廊、楼梯的位置及尺寸。

4）门、窗的位置及尺寸。

5）台阶、阳台、雨篷、散水的位置及尺寸。

6）室内地面的高度。

4. 建筑立面图

建筑立面图就是建筑四个面的正投影图，以建筑各个面的朝向命名，如南立面图就是指建筑朝南一面的正投影图。建筑立面图的内容如下：

1）表明建筑物的立面形式和外貌。

2）表示室外台阶、花池、勒脚、窗台、雨篷、阳台、屋顶以及雨水管等位置、立面形状及材料做法。

3）反映立面上门窗的布置、外形及开启方向。

4）用标高表示出建筑物总高度、各楼层高度以及门窗洞口等细部高度。

5）表明外饰面所用材料、色彩及分格等。

6）注明墙身详图位置及编号等。

5. 建筑剖面图

建筑剖面图是指用一铅垂面，沿建筑的垂直方向切开，去掉一部分，余留部分的正投影图。切断部分用粗线表示，可见部分用细线表示。按剖切方向不同分横剖面图和纵剖面图。平面图上要画出剖切符号以示剖切位置。剖切可以转折，但只允许转一次并用剖切符号在平面图上标明。

6. 构造详图

构造详图表明建筑的细部构造和具体尺寸与做法，包括墙面详图、楼梯图、特殊房间详图、局部构造或建筑构件详图、特殊装修房间详图等。

墙身详图是用比较大的比例尺详细、准确地表示墙身的防潮层和屋顶等各个节点的材料及构造做法。墙身详图配合平面图就可以详细了解墙、内外装修、门窗的做法。

7. 户型图

户型图是住宅的平面空间布局图，是对住宅内部各个独立空间的数量、使用功能（如门厅、客厅、餐厅、卧室、厨房、卫生间、过道、书房、衣帽间、储藏室、壁柜、阳台）、相对位置、面积、长宽、朝向、门窗位置等情况进行描述的图形（图5-10）。

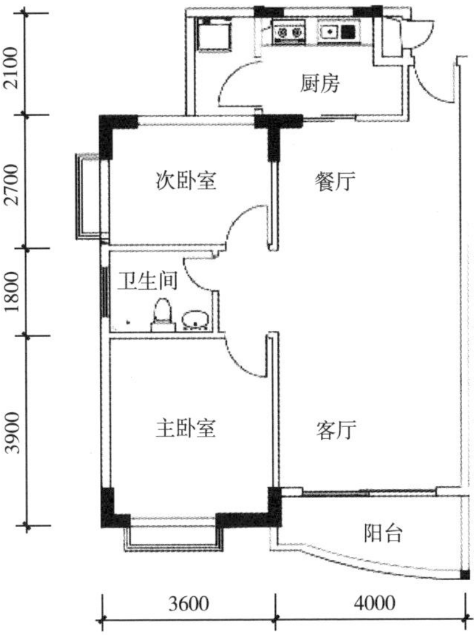

图 5-10　户型图

8. 房产分户图

房产分户图也称为房产分户平面图，是以产权登记户为绘制对象，以一户产权人为单位，表示房屋权属范围的细部，以明确异产毗连房屋的权利界线，是房屋所有权证的附图。房产分户图表示的内容主要有房屋权界线、四面墙体的归属和楼梯、走道等部位以及门牌号、所在层次、户号、室号、房屋建筑面积和房屋边长等。

5.7　房屋面积

1. 建筑面积和套型建筑面积

建筑面积是指房屋外墙（柱）勒脚以上各层的外围水平投影面

积，包括阳台、挑廊、地下室、室外楼梯等的面积。

套型建筑面积即商品房的建筑面积，也叫分户建筑面积，通常简称为建筑面积，等于套内建筑面积加分摊的公用建筑面积。

2. 套内建筑面积及其组成

套内建筑面积是指房屋按单元计算的建筑面积，为单元门内范围的建筑面积。套内建筑面积是计算实用率的分子，也称为实用面积，不等于地毯面积或地砖面积，完全属于业主私有的面积。

套内建筑面积 = 套内使用面积 + 套内墙体面积 + 套内阳台建筑面积

（1）套内使用面积

套内使用面积是指室内实际能使用的面积，不包括墙体、柱子等结构面积和保温层面积。套内使用面积是套内房屋使用空间的面积，以水平投影面积计算。套内使用面积是计算使用率的分子，也称为地砖面积、地毯面积或计租面积。

（2）套内墙体面积

套内墙体面积是指套内使用空间周围的围护、承重墙体或其他承重支撑体所占的面积，有共用墙及非共用墙两种。其中各套（单元）之间的分隔墙、套（单元）与公用建筑面积之间的分隔墙以及外墙（包括山墙）均为共用墙，共用墙墙体按水平投影面积的一半计入套内墙体面积，非共用墙墙体水平投影面积全部计入套内墙体面积。内墙面积装修厚度均计入套内墙体面积。

（3）套内阳台建筑面积

套内阳台建筑面积均按阳台外围与房屋外墙之间的水平投影面积计算。其中封闭的阳台（内阳台）按水平投影全部计算建筑面积，未封闭的阳台（外阳台）按水平投影的一半计算建筑面积。阳台是否封闭，是指按规划在房屋建成交付时是否封闭，如果购买后将未封闭的阳台封闭的，仍然只计算一半建筑面积。

3. 公用建筑面积和公摊面积

（1）公用建筑面积

公用建筑面积也叫共有建筑面积，是指由整栋楼的产权人共同所有的整栋楼公用部分的建筑面积，包括为住户出入方便、正常交往、保障生活所设置的公共走廊、楼梯、电梯间、水箱间等所占面积的总和，与本栋楼房不相连的公用建筑面积不分摊给本栋楼房的住户。

可分摊的公共部分为本栋楼的大堂、公用门厅、走廊、过道、公用厕所、电（楼）梯前厅、楼梯间、电梯井、电梯机房、垃圾道、管道井、消防控制室、水泵房、水箱间、冷冻机房、消防通道、变（配）电室、煤气调压室、卫星电视接收机房、空调机房、热水锅炉房、电梯工休息室、值班警卫室、物业管理用房等以及其他功能上为该建筑服务的专用设备用房；套与公用建筑空间之间的分隔墙及外墙（包括山墙）墙体面积水平投影面积的一半。

不计入的公用建筑面积有仓库、机动车库、非机动车库、车道、供暖锅炉房、作为人防工程的地下室、单独具备使用功能的独立使用空间；售房单位自营、自用的房屋；为多栋房屋服务的警卫室、管理（包括物业管理）用房。

（2）公摊面积

分摊的公用建筑面积，简称公摊面积，是指每套（单元）商品房依法应当分摊的公用建筑面积。

分摊的公用面积 = 套内建筑面积 × 公用面积分摊系数

公用建筑面积分摊系数 = 整栋建筑物的公用建筑面积 ÷ 整栋建筑物各套内建筑面积之和 ×100%

4. 预测面积和实测面积

（1）预测面积

房屋预测面积是指在商品房期房（有预售销售证的合法销售项目）销售中，根据国家规定，由房地产主管机构认定具有测绘资质的房屋测量机构，主要依据施工图纸、实地考察和国家测量规范对尚未施工的房屋面积进行一个预先测量计算的行为。它是房地产开发企业进行合法销售的面积依据。

（2）实测面积

房屋实测面积也称为竣工面积，是指商品房竣工验收后，工程规划相关主管部门审核合格，房地产开发企业依据国家规定委托具有测绘资质的房屋测绘机构参考图纸、预测数据及国家测绘规范之规定对楼宇进行的实地勘测、绘图、计算而得出的面积，是业主办理产权证、结算物业费及相关费用的最终依据。

有些商品房的竣工面积与预售面积不一致，其产生的原因主要有工程变更、施工错误或施工误差、测量误差、竣工后的商品房部分公用面积功能改变或服务范围改变等。

5. 产权登记面积和合同约定面积

（1）产权登记面积

产权登记面积简称产权面积，俗称房本面积，是指不动产权属证书和不动产登记簿记载的房屋面积，是实测的房屋建筑面积。

（2）合同约定面积

合同约定面积简称合同面积，是指商品房买卖合同中约定的所买卖新建商品房的面积，因房地产开发企业售出的只是预售房，并没有竣工验收，只有竣工验收后才能正式对房产面积进行测绘，因还没有实测面积，合同约定面积一般是预测面积。

6. 不计算建筑面积范围

1）层高小于2.20m以下的夹层、插层、技术层和层高小于2.20m的地下室和半地下室。

2）突出房屋墙面的构件、配件、装饰柱、装饰性的玻璃幕墙、垛、勒脚、台阶、无柱雨篷等。

3）房屋之间无上盖的架空通廊。

4）房屋的天面、挑台、天面上的花园、泳池。

5）建筑物内的操作平台、上料平台及利用建筑物的空间安置箱、罐的平台。

6）骑楼、过街楼的底层用作道路街巷通行的部分。

7）利用引桥、高架路、高架桥、路面作为顶盖建造的房屋。

8）活动房屋、临时房屋、简易房屋。

9）独立烟囱、亭、塔、罐、池、地下人防干线和支线。

10）与房屋室内不相通的房屋间伸缩缝。

7. 计算一半建筑面积范围

1）与房屋相连有上盖无柱有围护结构的走廊、檐廊。

2）有顶盖的独立柱、单排柱的门廊、车棚、货棚等属永久性建筑。

3）未封闭的阳台、挑廊。

4）无顶盖的室外楼梯。

5）有顶盖不封闭的永久性的架空通廊。

8. 使用率和实用率

使用率即套内使用面积系数，是套内使用面积与套型建筑面积之比，一般高层塔楼在 70%~72%，板楼在 78%~80%。实用率是套内建筑面积与套型建筑面积之比。实用率要大于使用率。

影响使用率大小的因素主要包括：

1）建筑形式。如板式住宅的使用率大于塔式住宅的使用率，一般大 10% 左右。

2）建筑结构。如钢筋混凝土结构房屋的墙柱占用面积通常小于砖混结构房屋的墙柱占用面积，因此其使用率一般大于砖混结构房屋的使用率。

3）地区气温。不同地区的冬季气温差异较大，为了室内保温，外墙厚度不同，如北方地区外墙厚度大于南方地区外墙厚度。因此，南方地区的使用率大于北方地区的使用率。

4）墙体材料。在保证保温、隔声等效果的前提下，墙体所用材料不同，厚度有所不同，从而使用率不同。

5）房间数量。一是在套内建筑面积相同而房间数量较少时，因墙体相对较少，使用率较大。二是在房间数量相同而套内建筑面积增加时，墙体面积虽然可能增加，但因后者增加幅度小、前者增加幅度大而使使用率提高。

5.8 建筑设备

1. 给水排水系统

（1）给水系统

给水系统供应建筑物用水，应满足建筑物对水质、水量、水压、水温的要求。特别是住宅，水质、水压非常重要，需要保证供水安全、不会经常停水。

给水的方式有以下四种：

1）直接供水（在水压、水量稳定的情况下采用）。

2）设置水箱供水（水压在一天内定期高低变化的情况下采用）。

3）设置水泵、水箱供水（水压经常性的低于所需水压的情况下采用）。

4）分区分压供水（即二次供水或变频供水，多用于多层、高层建筑。当室外的配水管网的水压仅能供低层楼层用水，不能满足上面楼层用水时，通常分成两个供水区，下层直接供水，上层采用设置水泵水箱供水）。

（2）热水供应系统

根据《住宅设计规范》，住宅应设置热水供应设施或预留安装热水供应设施的条件。热水供应系统有集中热水供应系统和分户燃气热水器或电热水器、太阳能热水器等。

（3）排水系统

排水系统主要指排放生活污水、废水及雨水，多采用直径 100~150mm 的铸铁管或 PVC 管材。

住宅的室内排水系统通常由卫生器具和排水管道组成。卫生器具主要有洗菜盆、洗手盆、洗衣盆（机）、抽水马桶、淋浴房、浴缸、拖布池、地漏等。排水管道主要有器具排放管、存水弯、横支管、立管、埋设地下总干管、排出管、通气管及其连接部件。

2. 供电系统

供电系统供应建筑物用电，应电压稳定，通常不会停电，有足够的用电负荷，以保证现行必要的家用电器能正常使用及在使用中不会时常跳闸断电。

室内配电用的电压通常为 220V/380V 三相四线制、50Hz 交流电压。220V 单相负载用于电灯照明或其他家电，380V 三相负载多用于有电动机的设备。根据《住宅设计规范》，每套住宅的用电负荷不应小于 2.5kW。

建筑物的供电系统及设备主要包括：

1）电气管线：包括导线型号、导线截面。

2）配电箱：接受和分配电能的装置。根据配电箱的用途，分为照明配电箱和动力配电箱。根据配电箱的安装形式，分为明装（挂在墙上或柱上）、暗装、落地柜式配电箱。

3）电表：用来计算用户的用电量，并根据用电量来计算应交电费数额。电表的额定电流应大于最大负荷电流，并适当留有余地，考虑今后发展的可能。

4）电源插座：分为固定插座、移动插座，墙面插座（墙插）、地面插座（地插），普通型插座、安全型插座、防水型插座，明装插座、暗装插座等。插座设置的数量、位置应满足家电的使用要求，尽量减少移动插座的使用。

5）电开关：开关设置的数量、位置应方便使用。开关系统中一般应设置熔断器，主要用来保护电气设备免受过负荷电流和短路电流的损害。

6）防雷装置：包括避雷针、避雷带、避雷网、引下线、接地装置。

3. 燃气系统

燃气是一种气体燃料，分为天然气、人工煤气、液化石油气。

（1）人工煤气

工业尤其是炼钢及石油加工产业的副产品，其主要成分是 CO，密度与空气相近，使用不当极易发生煤气中毒。

（2）天然气

蕴藏于地下的可燃气体，主要成分是 CH_4，比空气轻，一旦发生泄漏，天然气会飘于上层，不会发生煤气中毒的现象。而且天然气燃烧后不会产生污染性气体，属绿色环保燃料。

（3）液化石油气

石油产品，成分较复杂，热值高。液化石油气与上述两种燃气的供应系统不同，液化石油气是一个居住区一套加压系统。液化石油气一般用于市政燃气管网尚未达到的地区。

室内燃气系统由室内燃气管道、燃气表和燃气用具等组成。燃气经过室内燃气管道、燃气表再达到各个用气点。常见的燃气用具有燃气灶、燃气热水器、燃气壁挂炉等。

根据《住宅设计规范》，燃气管道及设备等的设计、敷设或安装应符合以下要求：

1）燃气设备严禁设置在卧室内。

2）严禁在浴室内安置直接排气式、半密闭式燃气热水器等在使用空间内积聚有毒气体的加热设备。

3）户内燃气灶应安装在通风良好的厨房、阳台内。

4）燃气热水器等燃气设备应安装在通风良好的厨房、阳台内或其他非居住房间。

5）住宅内各类用气设备的烟气必须能够直接排至室外。

4. 采暖系统

采暖系统是通过散热设备，使室内获得热量并保持一定温度，以达到适宜的生活或工作条件。

（1）根据热源，可分为集中供暖和自采暖两大类。

1）集中供暖。集中供暖也称为集中供热，又可分为城市或区域供热和小区供热。城市或区域供热是由一个或多个大型热源产生的热水或蒸汽，通过城市或区域供热管网，供给一定地区以至整个城市的建筑物采暖、生活或生产用热，如大型区域锅炉房或热电厂供热。小区供热通常是住宅小区自建锅炉房供热，由锅炉产生的热水或蒸汽经输热管道送到房屋内的散热设备中。

优点：安全、可靠、清洁，可全天候供暖，费用较低。

缺点：供暖的时间和温度不能自己控制。

2）自采暖。自采暖也称为分户供热，是自己以燃气或燃油、燃煤、电力等为能源，利用燃气壁挂炉、家用锅炉、电加热器、空调等供暖。

优点：采暖的时间和温度自由，自己可根据气温等情况提前或延长供暖时间、调节室内温度。

缺点：费时费力，其中用煤供暖有煤灰、有害气体排放等污染，用电供暖的效果通常不够好、费用较高。

（2）根据末端设备，可分为散热器采暖和地板采暖。

1）散热器采暖。散热器采暖是利用挂在墙上的散热器（暖气片）散热采暖。

优点：散热快、维修方便。

缺点：占用空间、不够美观。

2）地板采暖。地板采暖简称地暖，是利用埋设在地板下的暖气管散热采暖。

优点：温度较均匀、便于布置家具。

缺点：可维修性差、降低室内净高、不便于二次装修。

（3）根据热媒，可分为热水采暖和热气采暖。

1）热水采暖。采用热水进行供暖，供水温度一般为 95℃，回水温度一般为 70℃。这种方式的特点是热得慢，凉得也慢，多用于住宅等不间歇采暖。

2）热气采暖。采用水蒸气进行供暖。这种方式的特点是热得快，凉得也快，多用于间歇性采暖建筑，如剧院等。

5. 通风和空调系统

（1）通风系统

为维持室内适宜的温度、湿度和洁净度等，需要排出室内余热、余湿、有害气体、水蒸气和灰尘，同时送入一定质量的新鲜空气，以满足人体卫生等要求。

通风系统根据动力来源，分为自然通风和机械通风；根据作用范围，分为全面通风和局部通风；根据特征，分为进气式通风和排气式通风。

（2）空调系统

空调系统对送入室内的空气进行过滤、加热或冷却、干燥或加湿等处理，使室内的空气温度、湿度、洁净度和气流速度等参数达到给定的要求，使空气环境满足不同的使用需要。

空调系统一般由空气处理设备（如制冷机、冷却塔、水泵、风机、空气冷却器、加热器、加湿器、过滤器、空调器、消声器）、空气输送管道、风口和散流器等组成。

根据空气处理的设置情况，空调系统可分为：

1）集中式系统。空气处理设备集中在空调机房内，空气经处理后由风道进入各房间。

2）分散式系统。空调机组按需要直接放置在空调房内或附近房间内，每台机组只供一个或几个小房间，或者一个大房间内放置几台机组。

3）半集中式系统。集中处理部分或全部风量，然后送往各个房间或各区进行再处理。

6.智能化系统

建筑智能化系统利用现代通信技术、信息技术、计算机网络技术、监控技术等，通过对建筑和建筑设备的自动检测与优化控制、信息资源的优化管理，实现对建筑物的智能控制与管理，以满足用户对建筑物的监控、管理和信息共享的需求。

住宅智能化应包括火灾自动报警和消防联动系统、安全防范系统、通信网络系统、信息网络系统、设备监控与管理系统、家庭控制器、综合布线系统、电源和接地、环境、室外设备和管网等。

（1）**火灾自动报警**（FAS：Fire Alarm System）

火灾报警系统一般由火灾探测器、区域报警器和集中报警器组成，当火灾报警系统根据工程的要求同各种灭火设施和通信装置联动，形成中心控制系统，即由自动报警、自动灭火、安全疏散诱导、系统过程显示、消防档案管理等组成一个完整的消防控制系统时，被称为火灾自动报警及消防联动系统，主要包括火灾和可燃气体探测系统，火灾报警控制系统，消防联动系统等各子系统及相关设施。

（2）**安全防范系统**（SAS：Safety Automation System）

安全防范系统是以维护公共安全、预防刑事犯罪和灾害事故为目的，运用电子信息技术、计算机网络技术、系统集成技术和各种现代安全防范技术构成的入侵报警系统、视频监控系统、出入口控制系统等，或这些系统组合或集成的电子系统或网络，主要包括入侵报警系统、视频监控系统、出入口控制系统、停车库管理系统、巡更系统等。

（3）**通信网络系统**（CNS：Communication Network System）

通信网络系统是在建筑或建筑群内传输语音、数据、图像且与外部网络（如公用电话网、综合业务数字网、因特网、数据通信网络和卫星通信网等）相联结的系统，主要包括通信系统、卫星数字电视及有线电视系统、公共广播及紧急广播系统等各子系统及相关设施，其中通信系统包括电话交换系统、会议电视系统及接入网设备。

（4）信息网络系统（INS：Information Network System）

信息网络系统是应用计算机技术、通信技术、多媒体技术、信息安全技术和行为科学等，由相关设备构成，用以实现信息传递、信息处理、信息共享，并在此基础上开展各种业务的系统，主要包括计算机网络、应用软件及网络安全等。

（5）建筑设备监控系统（BAS：Building Automation System）

建筑设备监控系统，过去通常称楼宇自动化系统，是将建筑或建筑群内的空调与通风、变配电、公共照明、给排水、热源与热交换、冷冻与冷却、电梯等设备或系统集中监视、控制和管理而构成的综合系统，其监控范围为空调与通风系统、变配电系统、公共照明系统、给排水系统、热源和热交换系统、冷冻和冷却水系统、电梯和自动扶梯系统等各子系统。

（6）综合布线系统（PDS：Premises Distributed System）

综合布线系统是建筑或建筑群内部及其与外部的传输网络。它使建筑或建筑群内部的语音、数据和图像通信网络设备、信息网络交换设备和建筑设备自动化系统等相联，也使建筑或建筑群内通信网络与外部通信网络相联。

5.9 建筑材料

1. 建筑材料分类

建筑材料是建筑物的物质基础，其性质、质量、品种和价格等直接关系到建筑物的结构形式、建筑功能质量和建筑造价。

根据材料的化学成分，分为无机材料（如铁、铝、陶瓷、水泥、混凝土等）、有机材料（如木材、塑料、沥青等）和复合材料（如钢筋混凝土、玻璃钢等）。

根据材料的来源，分为天然材料和人造材料。

根据材料在建筑物中的功能，分为承重和非承重材料、保温和隔热材料、吸声和隔声材料、防水材料、装饰材料等。

根据材料的用途，分为结构材料、墙体材料、层面材料、地面材料、饰面材料等。

2. 建筑材料基本性质

（1）密度

密度是指材料单位体积的质量，即材料的质量与体积之比。分为表观密度和实际密度。表观密度是材料的质量与材料在自然状态下的体积之比。实际密度是材料的质量与材料在绝对密实状态下的体积之比。材料在绝对密实状态下的体积是指不包括材料内部孔隙的体积，即材料在自然状态下的体积减去材料内部孔隙的体积。建筑材料中，除钢材、玻璃、沥青的内部孔隙可忽略不计外，绝大多数材料的内部都有一定的孔隙。

（2）密实度和孔隙率

密实度是指材料在绝对密实状态下的体积与在自然状态下的体积之比。凡是内部有孔隙的材料，其密实度都小于1。

孔隙率是指材料内部孔隙的体积占材料在自然状态下的体积的比例。

孔隙率和密实率是从不同的角度来说明材料的同一性质。一般情况下，材料的孔隙率越高（密实率越低），则材料的保温隔热性能、吸声性能和保湿性能越好，而材料的强度降低，抗渗透性能、耐磨性能、抗冻性能、耐腐蚀性能、耐久性能越低。

（3）吸湿性、抗渗性和抗冻性

吸湿性是指材料在潮湿的空气中吸收水分的性质，可用材料的含水率来反映。材料还可向干燥的空气中散发水分，称为还湿。材料吸水后会导致绝热性降低，强度和耐久性下降。材料吸湿和还湿会引起其体积变化和变形，影响使用。

抗渗性也称为不透水性，是指材料抵抗压力水渗透的性质。

抗冻性是指材料在吸水饱和状态经历多次冻融循环作用下不破坏，强度也不显著降低的性质。

（4）导热性和热容量

导热性是指在材料两侧存在温差时，热量由温度高的一侧通过材料传递到温度低的一侧的性质。

热容量是指材料受热时吸收热量和冷却时释放热量的性质。

为了保持建筑物室内温度的稳定性，建筑物的围护结构（如外墙、屋顶）应选用导热性差、热容量较大的建筑材料。

（5）强度

强度是指材料在外力作用下抵抗破坏的能力。材料在建筑物上所受的外力主要有压力、拉力、弯曲及剪力。材料抵抗这些外力破坏的能力分别称为抗压强度、抗拉强度、抗弯强度和抗剪强度。

（6）弹性、塑性、脆性和韧性

弹性是指材料在外力作用下产生变形，外力去掉后变形能完全消失的性质。材料的这种可恢复的变形，称为弹性变形。

塑性是指材料在外力作用下产生的变形，外力去掉后变形不能完全恢复，但也不即行破坏的性质。材料的这种不可恢复的残留变形，成为塑性变形。

脆性是指材料在外力作用下未发生显著变形就突然破坏的性质。脆性材料的抗压强度远大于抗拉强度，因此脆性材料只适用于受压构件。建筑材料中大部分无机非金属材料均为脆性材料，如天然石材、砖、陶瓷、玻璃、普通混凝土等。

韧性是指材料在冲击或振动荷载作用下产生较大变形尚不致破坏的性质。钢材、木材等属于韧性材料。

（7）硬度和耐磨性

硬度是指材料表面抗硬物压入或刻画的能力。

耐磨性是指材料表面抵抗磨损的能力。材料的耐磨性与其成分、结构、强度、硬度等有关。材料的硬度越大，耐磨性越好。

（8）耐久性

耐久性是指材料在环境和使用中经受各种常规破坏因素（如在环境中紫外线照射、空气和雨水侵蚀、气温变化、干湿交替、冻融循环、虫菌寄生等）的作用而能保持其原有性能的能力。

不同材料的耐久性不同，影响其耐久性的因素也不同，如木材会虫蛀腐烂，石材会风化溶蚀，钢材会氧化锈蚀，塑料易老化变形，涂料会褪色脱落。

第6章 房地产开发流程

6.1 房地产开发基本流程

房地产项目开发的流程主要可以分为国有土地使用权获取阶段、建设用地规划许可阶段、建设工程规划许可阶段、建筑工程施工许可与施工阶段、商品房预售许可与建筑工程竣工验收阶段，各阶段的基本工作流程如图 6-1 所示。

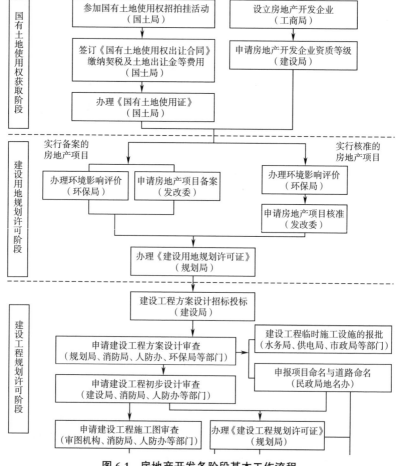

图 6-1 房地产开发各阶段基本工作流程

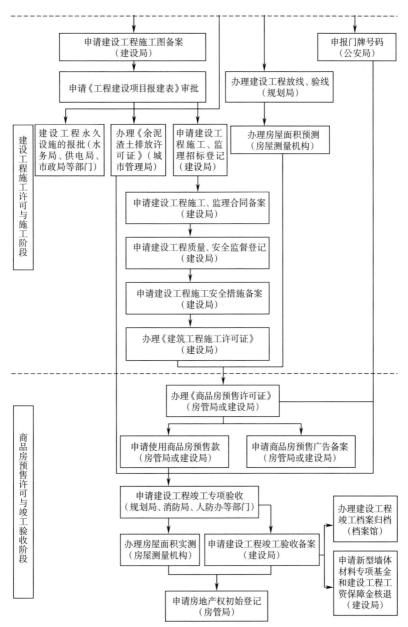

图 6-1　房地产开发各阶段基本工作流程（续）

6.2 房地产开发企业设立

1. 房地产开发企业设立条件

房地产开发企业是以营利为目的，从事房地产开发和经营的企业。根据《中华人民共和国城市房地产管理法》和《城市房地产开发经营管理条例》，设立房地产开发企业，应当具备以下几个条件：

1）有自己的名称和组织机构。

2）有固定的经营场所。

3）有100万元以上的注册资本。

4）有4名以上持有资格证书的房地产专业、建筑工程专业的专职技术人员，2名以上持有资格证书的专职会计人员。

5）法律、行政法规规定的其他条件。

6）设立有限责任公司、股份有限公司，从事房地产开发经营的，还应当执行公司法的有关规定。

2. 房地产开发企业资质类型

房地产开发企业资质分为一、二、三、四级资质和暂定资质。根据《房地产开发企业资质管理规定》，新成立的房地产开发企业必须取得房地产开发暂定资质证书，才能从事房地产开发经营业务。房地产开发企业的资质等级由当地建设管理部门负责审批（一级资质经当地建设管理部门初审后，由国家住建部审批），经资质审查合格的企业，可以领取相应等级的资质证书。

各资质等级企业应当在规定的业务范围内从事房地产开发经营业务，不得越级承担任务。各资质等级的业务范围如下：

1）一级资质的房地产开发企业承担房地产项目的建设规模不

受限制，可以在全国范围承揽房地产开发项目。

2）二级资质及二级资质以下的房地产开发企业可以承担建筑面积 25 万 m² 以下的开发建设项目，承担业务的具体范围由省、自治区、直辖市人民政府建设行政主管部门确定。

3. 房地产开发企业各资质等级办理条件

根据《房地产开发企业资质管理规定》，各资质等级企业的办理条件具体见表 6-1。

表 6-1　房地产开发企业各资质等级办理条件

资质等级	注册资本	房地产开发经营年限	已竣工房屋建筑面积	建筑工程质量合格率	职称人数		其他
					建筑、结构、财务、房地产及有关经济类的专业管理人员	工程技术、财务、统计等业务负责人	
一级资质	不低于 5000 万	五年以上	近 3 年房屋建筑面积累计竣工 30 万 m² 以上，或者累计完成与此相当的房地产开发投资额 上一年房屋建筑施工面积 15 万 m² 以上，或者完成与此相当的房地产开发投资额	连续 5 年建筑工程质量合格率达 100%	不少于 40 人，其中具有中级以上职称的管理人员不少于 20 人，持有资格证书的专职会计人员不少于 4 人	具有相应专业中级以上职称	具有完善的质量保证体系，商品住宅销售中实行了《住宅质量保证书》和《住宅使用说明书》制度 未发生过重大工程质量事故
二级资质	不低于 2000 万	三年以上	近 3 年房屋建筑面积累计竣工 15 万 m² 以上，或者累计完成与此相当的房地产开发投资额 上一年房屋建筑施工面积 10 万 m² 以上，或者完成与此相当的房地产开发投资额	连续 3 年建筑工程质量合格率达 100%	不少于 20 人，其中具有中级以上职称的管理人员不少于 10 人，持有资格证书的专职会计人员不少于 3 人	具有相应专业中级以上职称	

（续）

资质等级	注册资本	房地产开发经营年限	已竣工房屋建筑面积	建筑工程质量合格率	职称人数		其他
					建筑、结构、财务、房地产及有关经济类的专业管理人员	工程技术、财务、统计等业务负责人	
三级资质	不低于800万	两年以上	房屋建筑面积累计竣工5万 m² 以上，或者累计完成与此相当的房地产开发投资额	连续2年建筑工程质量合格率达100%	不少于10人，其中具有中级以上职称的管理人员不少于5人，持有资格证书的专职会计人员不少于2人	工程技术、财务等业务负责人具有相应专业中级以上职称，统计等其他业务负责人具有相应专业初级以上职称	
四级资质	不低于100万	一年以上	—	已竣工的建筑工程质量合格率达100%	不少于5人，持有资格证书的专职会计人员不少于2人	工程技术负责人具有相应专业中级以上职称，财务负责人具有相应专业初级以上职称，配有专业统计人员	

4.房地产开发企业资质年审和变更

房地产开发企业的资质实行年检制度。对于不符合原定资质条件或者有不良经营行为的企业，由原资质审批部门予以降级或者注销资质证书。

房地产开发企业的名称、法定代表人、注册资本、办公地址等发生变更的，需编写申请变更的书面报告，并在工商局办理变更手续后，持相关材料到建设局办理资质证书的变更。

6.3 国有土地使用权获取

1. 招拍挂出让国有土地使用权基本流程

招标拍卖挂牌出让国有土地使用权的基本流程如图 6-2 所示。

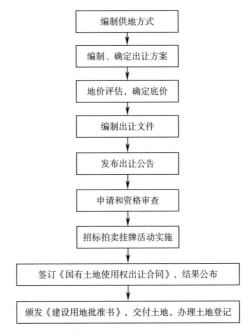

图 6-2 招标拍卖挂牌出让国有土地使用权的基本流程

2. 出让方案和出让文件

（1）出让方案

国有土地使用权出让方案是指由市、县国土资源管理部门会同城市规划等有关部门，依据国有土地使用权出让计划、城市规划和意向用地者申请的用地类型、规模等，编制国有土地使用权招标拍卖挂牌出让方案。国有土地使用权招标拍卖挂牌出让方案包括拟出让地块的具体位置、四至、用途、面积、年限、土地使用条件、供地时间、供地方式等。属于综合用地的，应明确各类具体用途、所占面积及其各自的出让年期。对于尚未完成土地使用权收回和拆迁安置工作的"毛地"出让，应当衔接好国有土地使用权收回、补偿安置和出让等方面的法律关系。

（2）出让文件

招标拍卖挂牌出让土地使用权文件是指由出让人根据招标拍卖挂牌出让地块的情况而编制的相关文件，包括出让公告、投标或者竞买须知、土地使用条件、标书或者竞买申请书、报价单、中标通知书或者成交确认书、国有土地使用权出让合同文本。

1）出让公告。国有土地使用权招标拍卖挂牌出让公告由市、县国土资源管理部门发布，出让公告应当通过报刊或电视台等媒体公开发布，并须同时在中国土地市场网和当地土地有形市场上发布。按照国土资源管理部门规定的规范格式，公告拟出让宗地的位置、面积、用途、套型要求、容积率、出让年限、投标（竞买）保证金、提交申请时间、出让时间等内容。

出让公告应当至少在招标拍卖挂牌活动开始前20日发布，以媒体首次发布的时间为起始日。

经批准的出让方案已明确招标、拍卖、挂牌具体方式的，应当发布具体的"国有土地使用权招标出让公告""国有土地使用权拍卖出让公告"或"国有土地使用权挂牌出让公告"；经批准的出让方案未明确招标、拍卖、挂牌具体方式的，可以发布"国有土地使用权公开出让公告"。发布"国有土地使用权公开出让公告"的，应当明确根据申请截止时的申请情况确定具体的招标、拍卖或挂牌方式。

出让公告可以是单宗地的公告，也可以是多宗地的联合公告。

2）《中标通知书》或《成交确认书》。房地产开发企业采取招标方式获取国有土地使用权的，在确定为中标人后，会收到招标人发出的《中标通知书》，代表成交。同时，中标人之前缴纳的投标保证金将自动转为所获取地块的定金。《中标通知书》包括招标人与中标人的名称，出让标的，成交时间、地点、价款，以及双方签订《国有土地使用权出让合同》的时间、地点等内容。

房地产开发企业采取拍卖或挂牌的方式获取国有土地使用权的，在确定为竞得人后，需要与拍卖人或挂牌人签订《成交确认书》，《成交确认书》包括拍卖人与竞得人的名称，出让标的，成交时间、地点、价款，以及双方签订《国有土地使用权出让合同》的时间、地点等内容。

3）《国有土地使用权出让合同》。招标拍卖挂牌出让活动结束后，中标人或竞得人应按照《中标通知书》或《成交确认书》的约定，与出让人签订《国有土地使用权出让合同》。

《国有土地使用权出让合同》的主要条款、格式由出让方提出，受让方很少有修改的余地。一般来说，出让合同主要包括以下的内容：

①出让地块的基本情况，包括地理位置、面积、界限等。

②土地出让金额的数量、支付方式和支付期限。

③土地使用权的出让期限。

④地块的规划设计条件由城市规划部门依据城市规划确定，包括建筑密度、容积率等控制指标，以及工程管线、竖向规划、配建停车场或其他公共设施的要求。

⑤对于配有保障性住房的项目，要确定项目中保障性住房的配建比例、配建套数、套型面积、设施条件和项目开竣工时间及建设

周期等建设条件。

3.竞价方式

一次竞价是指由土地招标拍卖挂牌主持人进行现场竞价，每位竞价人只能进行一次书面报价，报价后不允许进行修改，然后以价高者得的原则来确定竞价人的方式。

双向竞价是指在土地出让竞价中，向下竞房价，向上竞地价，综合报价最佳者胜出。这种方式一般用于限价商品房用地的出让。

4.招标出让流程

招标出让国有土地使用权的基本流程如下：

（1）投标

投标人在规定的时间将标书及其他文件送达指定的投标地点，投标人投标后，不可撤回投标文件，并对投标文件和有关书面承诺承担责任。

（2）开标

投标人按照招标出让公告规定的时间、地点参加。招标主持人邀请投标人或其推选的代表检查标箱的密封情况，当众开启标箱，并组织逐一检查标箱内的投标文件，宣读投标人名称、投标价格和投标文件的其他主要内容。

（3）评标

按照价高者得的原则确定中标人的，可以不成立评标小组。按照综合条件最佳者得的原则确定中标人的，招标人应当成立评标小组进行评标。

评标小组由出让人、有关专家组成，成员人数为5人以上的单数。评标小组按照招标文件确定的评标标准和方法，对投标文件进行综合评分，根据综合评分结果确定中标候选人。

（4）定标

招标人应当根据评标小组推荐的中标候选人确定中标人。招标人也可以授权评标小组直接确定中标人。

按照价高者得的原则确定中标人的，由招标主持人根据开标结果，直接宣布报价最高且不低于底价者为中标人。有两个或两个以上申请人的报价相同且同为最高报价的，可以由相同报价的申请人在限定时间内再行报价，或者采取现场竞价方式确定中标人。

5. 拍卖出让流程

拍卖出让国有土地使用权的基本流程如下：

1）拍卖主持人宣布拍卖会开始。

2）拍卖主持人宣布竞买人到场情况。

3）拍卖主持人介绍拍卖地块的位置、面积、用途、使用年限、规划指标要求、建设时间等。

4）拍卖主持人宣布拍卖宗地的起叫价、增价规则和增价幅度，并明确提示是否设有底价。在拍卖过程中，拍卖主持人可根据现场情况调整增价幅度。

5）拍卖主持人报出起叫价，宣布竞价开始。

6）竞买人举牌应价或者报价。

7）拍卖主持人确认该竞买人应价或者报价后继续竞价。

8）拍卖主持人连续三次宣布同一应价或报价而没有人再应价或出价，且该价格不低于底价的，拍卖主持人落槌表示拍卖成交。

6. 挂牌出让流程

挂牌出让国有土地使用权的基本流程如下：

（1）公布挂牌信息

在挂牌公告规定的挂牌起始日，挂牌人将挂牌宗地的位置、面积、用途、使用年期、规划指标要求、起始价、增价规则及增价幅度等，在挂牌公告规定的土地交易地点挂牌公布。挂牌时间不得少于 10 个工作日。

（2）竞买人报价

符合条件的竞买人应当填写报价单报价。有条件的地方，可以采用计算机系统报价。

（3）确认报价

挂牌主持人确认该报价后，更新显示挂牌价格，继续接受新的报价。有两个或两个以上竞买人报价相同的，先提交报价单者是该挂牌价格的出价人。

（4）挂牌截止

在公告规定的挂牌截止时间，竞买人应当出席挂牌现场，挂牌主持人宣布最高报价及其报价者，并询问竞买是否愿意继续竞价。

有竞买人表示愿意继续竞价的，挂牌出让转入现场竞价，通过现场竞价确定竞得人。

（5）现场竞价

取得该宗地挂牌竞买资格的竞买人均可参加现场竞价。挂牌主持人宣布现场竞价的起始价、竞价规则和增价幅度，并宣布现场竞价开始。现场竞价的起始价为挂牌活动截止时的最高报价增加一个加价幅度后的价格。

参加现场竞价的竞买人按照竞价规则应价或报价。挂牌主持人连续三次宣布同一应价或报价而没有人再应价或出价，且该价格不低于底价的，挂牌主持人落槌表示现场竞价成交，宣布最高应价或报价者为竞得人。

7. 土地登记及其分类

土地登记是指将国有土地使用权、集体土地所有权、集体土地使用权和土地抵押权、地役权以及依照法律法规规定需要登记的其他土地权利记载于土地登记簿公示的行为。

土地登记主要包括以下几种类型：

1）土地总登记是指在一定时间内对辖区内全部土地或者特定区域内土地进行的全面登记。

2）初始登记是指土地总登记之外对设立的土地权利进行的登记。

3）变更登记是指因土地权利人发生改变，或者因土地权利人姓名或者名称、地址和土地用途等内容发生变更而进行的登记。

4）注销登记是指因土地权利的消灭等而进行的登记。

5）其他登记包括更正登记、异议登记、预告登记和查封登记。

8. 土地登记簿和土地权利证书

（1）土地登记簿

土地登记簿是土地权利归属和内容的根据。

土地登记簿应当载明下列内容：

1）土地权利人的姓名或者名称、地址。

2）土地的权属性质、使用权类型、取得时间和使用期限、权利以及内容变化情况。

3）土地的坐落、界址、面积、宗地号、用途和取得价格。

4）地上附着物情况。

土地登记簿应当加盖人民政府印章。

（2）土地权利证书

土地权利证书是土地权利人享有土地权利的证明。土地权利证书包括国有土地使用证、集体土地所有证、集体土地使用证、土地他项权利证明书。

1）国有建设用地使用权和国有农用地使用权在国有土地使用证上载明。

2）集体建设用地使用权、宅基地使用权和集体农用地使用权在集体土地使用证上载明。

3）土地抵押权和地役权可以在土地他项权利证明书上载明。

9.《国有土地使用证》及其办理

《国有土地使用证》是证明土地使用者使用国有土地的法律凭证（图6-3）。

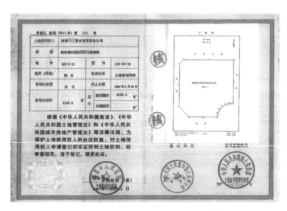

图6-3　《国有土地使用证》照片

房地产开发企业在按照《国有土地使用权出让合同》的规定付清全部土地出让价款后，就可以携带相关的材料到当地国土局申请办理土地登记，领取《国有土地使用证》，取得国有土地使用权。未按出让合同约定缴清全部土地出让价款的，不得发放国有建设用地使用权证书，也不得按出让价款缴纳比例分割发放国有建设用地使用权证书。

6.4 房地产项目立项和可行性研究

1. 房地产项目立项概念

立项是指国家为了对经济发展实施有效调控，要求具备一定规模的固定资产投资项目到发改委申报立项，具体包括备案、核准和审批三种方式，每个项目只适应其中一种方式。

根据《国务院关于投资体制改革的决定》，除了政府投资建设的项目需要到发改委进行审批之外，企业投资项目区别于不同情况实行备案和核准。其中，政府仅对重大项目和限制类项目进行核准，其他项目只需备案。对于房地产项目来说，除了像别墅等高档房地产项目、政策性建房项目等发改委规定需要核准的，其他房地产项目均实行备案。进行核准和备案的项目不再需要编写项目建议书和可行性研究报告，只需编写备案/核准申请报告，并持相关申请材料到当地发改委进行备案/核准。

2. 项目建议书

项目建议书是房地产开发企业根据国民经济和社会发展的长远规划、行业规划、地区规划的要求，结合各项目自然资源、市场预测与分析，在基本条件成熟后向国家、地区项目主管部门推荐的建设性材料。建议书的形成，是基本建设程序中最初的阶段，是工程项目准备阶段的开始，项目建议书不仅是确定项目建设的依据，也是具体设计的依据。

房地产开发建设项目建议书的内容主要包括：

1）项目名称、建设单位、主管部门。

2）项目提出的必要性和依据，主要写明建设单位的现状、拟建项目的名称、拟建的性质、拟建成地点及建设的必要性和依据。

3）项目建设方案，主要是指项目的初步建设方案、建设规模、主要内容和功能分布。

4）建设条件，是指项目建设的各项内容的进度和建设周期。

5）初步建设计划，是指项目建设和各项内容的进度安排和建设周期。

6）项目建设后的经济效益和社会效益。

7）项目建设投资概算及资金来源，是指项目投资总额及主要建设的资金安排情况，筹措资金的办法和计划。

3.可行性研究

在项目建议书被有关部门批准以后，建设单位即可着手组织对建设项目进行可行性研究。项目可行性研究是指对工程项目建设投资决策前进行技术经济分析、论证的科学方法和合理的手段。它以保证项目建设以最小的投资耗费取得最佳的经济效果，是实现项目技术在技术上先进、经济上合理和建设上可行的科学方法。

按照目前国家有关规定，民用建设项目可行性研究内容主要包括项目建设背景及其必要性、建设条件及项目选址、工程设计方案、项目实施计划与组织、投资计划与资金来源、项目经济效果和结论。

可行性研究报告可以委托专业设计单位、工程咨询公司或专业银行等单位负责编制，建设单位在选择了委托研究单位并确定了委托研究的内容以后，应当与承担可行性研究的单位签订委托协议。

4.选址意见书

《选址意见书》是城市规划行政主管部门依法核发的建设项目选址和布局的法律凭证。城市规划行政主管部门根据全市经济社会发展策略、城市总体规划、分区规划、控制性详细规划等各级规划，按照国家《城市规划法》《建设项目选址规划管理办法》等，考虑建设项目的要求，在规定期限内提出规划方面的初审意见和选址意见。此后，由城市规划行政主管部门会同土地管理部门并征求项目所涉及的有关部门的意见，对初审意见及其选址提出复审意见，对于同意的项目报政府审批后，在规定的审批期限内核发项目选址意见书。

根据《城乡规划法》，对于国家规定的需要审批或核准的建设项目，以划拨方式取得国有土地使用权，建设单位在报送发改委审批或核准前，需要向规划局申请核发《选址意见书》，而规定以外的其他项目则不需要申请《选址意见书》。

5.环境影响评价

环境影响评价简称环评，是房地产项目开发建设必须进行的一项重要工作，由取得相应资格证书的单位承担，主要是调查研究项目周边的环境，分析周边环境对项目的影响和开发建设房地产项目对周边环境的影响。

根据《中华人民共和国环境评价法》，对项目的环境影响评价实行分类管理。房地产开发企业需要根据其所开发项目对环境的影响程度，编制环境影响报告书、环境影响报告表或者填报环境影响登记表。

1）对于建筑面积 10 万 m^2 以上的房地产项目以及别墅区，需要编制环境影响报告书，对产生的环境影响进行全面的评价。

2）对于建筑面积在 2 万 ~10 万 m^2 的房地产项目，需要编制环境影响报告表，对产生的环境影响进行分析或专项评价。

3）对于建筑面积在 2 万 m^2 以下的项目则需要填报环境影响登

记表向环保局报批。

6.《建设用地规划许可证》及其办理

《建设用地规划许可证》是由规划局核发的确认建设项目位置和范围符合城市规划的法定凭证，载明了建设用地的位置、性质、规模、容积率以及建筑面积等内容，其附件包括建设用地红线图和规划条件，如图 6-4 所示。

图 6-4　《建设用地规划许可证》照片

对于通过划拨方式取得国有土地使用权的项目，需要先立项，再向规划局提出建设用地规划申请，审核通过后领取《建设用地规划许可证》，之后再向国土局申请用地，由国土局划拨土地。

对于出让用地，其签订的国有土地出让合同已经包括了规划局提出的出让地块的位置、使用性质、开发强度等规划条件。房地产开发企业通过出让方式取得国有土地使用权无须进行规划选址，在签订完国有土地出让合同后，持该合同、核准 / 备案文件以及当地规划局要求的相关材料办理《建设用地规划许可证》。

6.5　房地产项目规划设计

1. 设计任务书

设计任务书是建设单位对工程项目设计提出的要求，是工程设计的主要依据。进行可行性研究的工程项目，可以用批准的可行性研究报告代替设计任务书。设计任务书一般应包括以下几方面内容：

1）设计项目名称、建设地点。

2）批准设计项目的文号、协议书文号及其有关内容。

3）设计项目的用地情况，包括建设用地范围地形，场地内原有建筑物、构筑物，要求保留的树木及文物古迹的拆除和保留情况等，还应说明场地周围道路及建筑等环境情况。

4）工程所在地区的气象、地理条件，建设场地的工程地质条件。

5）水、电、气、燃料等能源供应情况，公共设施和交通运输条件。

6）用地、环保、卫生、消防、人防、抗震等要求和依据资料。

7）材料供应及施工条件情况。

8）工程设计的规模和项目组成。

9）项目的使用要求或生产工艺要求。

10）项目的设计标准及总投资。

11）建筑造型及建筑室内外装修方面要求。

以出让方式取得国有土地使用权的房地产开发企业，在签订完国有土地使用权出让合同之后，就可以根据合同的规划条件编制设计任务书，并委托有资质的设计单位开始项目的规划设计工作。

2. 规划设计阶段划分

房地产项目的规划设计工作一般包括方案设计、初步设计和施工图设计，有的项目可能还会在方案设计之前进行概念设计，在初步设计之后进行扩初设计。规划设计工作主要由房地产开发企业的设计管理部同设计单位协调合作完成，并由开发部相关人员将确定了的设计文件报规划局、建设局及其他相关职能部门审查，在审查通过后，办理《建设工程规划许可证》及开展后续的各项工作。

3. 方案设计

方案设计是依据设计任务书而编制的文件。它由以下几个部分组成：

1）设计说明书，包括各专业设计说明以及投资估算等内容；对于涉及建筑节能设计的专业，其设计说明应有建筑节能设计专门内容。

2）总平面图以及建筑设计图纸（若为城市区域供热或区域煤气调压站，应提供热能动力专业的设计图纸。

3）设计委托或设计合同中规定的透视图，鸟瞰图、模型等。

方案设计的内容和深度应符合有关规定的要求。方案设计一般应包括总平面、建筑、结构、给水排水、电气、采暖通风及空调、动力和投资估算等专业，除总平面和建筑专业应绘制图纸外，其他专业以设计说明简述设计内容，但当仅以设计说明还难以表达设计意图时，可以用设计简图进行表示。

建筑工程方案设计可以由业主（建设单位）直接委托有资格的设计单位进行设计，也可以采取招标的方式进行设计。方案设计招标可以采用公开招标和邀请招标两种方式。在选择设计单位进行项目的设计之前，需要到当地的建设局办理建设工程方案设计招标方式的核准。

4. 初步设计

初步设计是根据批准的可行性研究报告或设计任务书而编制的初步设计文件。初步设计文件由设计说明书（包括设计总说明和各专业的设计说明书）、设计图纸、主要设备及材料表和工程概算书等四部分内容组成。

根据《建筑工程设计文件编制深度规定》，对于技术要求相对简单的民用建筑工程，经有关主管部门同意，且合同中设有做初步设计的约定，可在方案设计审批后直接进入施工图设计。而对于一些大中型的项目，则需要在设计方案通过审核之后进行初步设计，并将初步设计文件报当地建设局和消防局、园林局、人防办等相关部门进行专项审批。

5. 施工图设计

施工图设计是根据已批准的初步设计或设计方案而编制的可供进行施工和安装的设计文件。施工图设计内容以图纸为主，应包括封面、图纸目录、设计说明（或首页）、图样、工程预算等。施工图设计文件编制深度应按《建筑工程设计文件编制深度的规定》有关部分执行。设计文件要求齐全、完整，内容、深度应符合规定，文字说明、图样要准确清晰，整个设计文件应经过严格的校审，经各级设计人员签字后，方能提出。

6. 各阶段设计审查要点

（1）方案设计审查要点

1）退红线是否满足要求。

2）日照分析是否满足要求。

3）物管及社区用房的位置及规模是否满足要求。

4）配电房的位置、规模以及与住宅楼的间距是否满足要求，是否有供电局的书面意见。

5）商业布局是否合理。

6）机动车车位配比、非机动车车位配比是否满足要求。

7）15%中低价商品房的位置、规模以及开发时间等，是否有房产局的书面意见。

8）退河道是否满足相关要求，小区环路受不受退河道景观绿化带的限制。

9）小区出入口设置是否合理。

10）根据公建配套审查意见，是否已全部深化调整到位。

11）其他如容积率、建筑密度、绿化率等经济技术指标是否满足规划要点要求。

12）消防的防火间距、登高面、消防环道是否满足消防规范要求。

（2）初步设计审查要点

1）应符合已审定的设计方案。

2）能据以确定土地征用范围。

3）能据以准备主要设备及材料。

4）应提供工程设计概算，作为审批确定项目投资的依据。

5）能据以进行施工图设计。

6）能据以进行施工准备。

（3）施工图设计审查要点

1）是否符合工程建设强制性标准。

2）地基基础和主体结构的安全性。

3）是否符合民用建筑节能强制性标准，对执行绿色建筑标准的项目，还应当审查是否符合绿色建筑标准。

4）勘察设计企业和注册执业人员以及相关人员是否按规定在施工图上加盖相应的图章和签字。

5）法律、法规、规章规定必须审查的其他内容。

7. 各阶段设计审查流程

（1）方案设计审查流程

在房地产开发企业设计管理部和设计单位确定好设计方案之后，由房地产开发企业将设计方案报送当地规划局，以及消防局、人防办、园林局、环保局等协办部门审查，经各部门审查通过后，房地产开发企业可以领取审批意见。

建设工程方案设计审查的一般流程如图 6-5 所示。

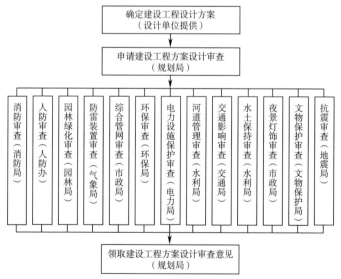

图 6-5 建设工程方案设计审查一般流程

注：以上的各项审查并不是每个房地产项目都需要进行，要根据具体项目的实际情况和当地的法律要求而定。

（2）初步设计审查流程

房地产开发企业在取得建设工程设计方案的审查意见之后，就可以到当地建设局申请建设工程初步设计审查，办理的一般流程如图 6-6 所示。

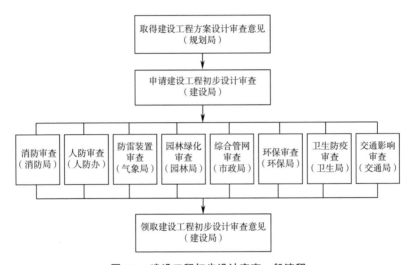

图 6-6　建设工程初步设计审查一般流程

注：以上的各专项审查并不是每个房地产项目都需要进行，要根据具体项目的实际情况和当地的法律要求而定。

（3）施工图审查流程

在设计单位完成建筑施工图、结构施工图、水电施工图等全部施工图及结构计算书等文件之后，房地产开发企业就可以开始施工图的送审。施工图审查工作由建设局认定的有相应资质的审查机构进行，由消防局、人防办、气象局等相关部门进行专项审查，审查合格的，可以领取施工图审查合格书，并在取得审查合格书后，将施工图审查情况报当地建设局备案，取得备案证明。

施工图审查的一般流程如图 6-7 所示。

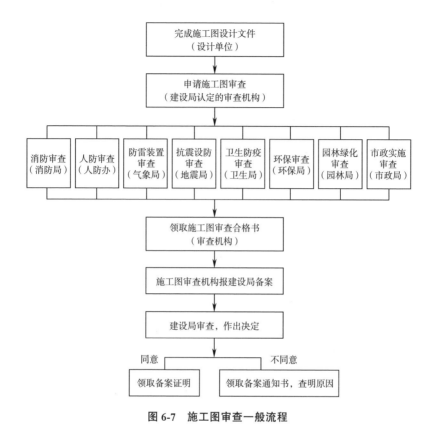

图 6-7 施工图审查一般流程

注：以上的各专项审查并不是每个房地产项目都需要进行，要根据具体项目的实际情况和当地的法律要求而定。

8. 《建设工程规划许可证》及其办理

《建设工程规划许可证》是由城市规划行政主管部门核发的，确认有关建设工程符合城市规划要求的法律凭证，载明了项目建筑性质、栋数、层数、结构类型、计容积率面积、各分类面积和附件（包括总平面图、各层建筑平面图、各项立面图和剖面图）等内容，如图 6-8 所示。

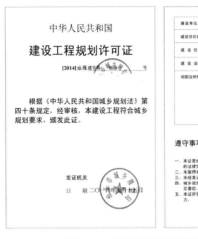

图 6-8　《建设工程规划许可证》照片

《建设工程规划许可证》是办理《建设工程施工许可证》、进行规划验线和验收、商品房销（预）售、房屋产权登记等的法定要件。

在办理完建设工程方案设计、初步设计的审查手续和完成建筑施工图的设计之后，房地产开发企业就可以申请办理《建设工程规划许可证》。由规划局对企业提交的材料进行审核，并向审核通过的企业核发《建设工程规划许可证》。

根据《城市规划条例》的规定，下列情况不予核发《建设工程规划许可证》：

1）不符合城市规划要求或未按政府主管部门对各阶段审查意见做出设计修改的。

2）设计单位资质与资格不符合有关行业管理规定的。

3）设计文件不符合国家、省、市有关专业技术规范和规程的。

房地产开发企业在取得《建设工程规划许可证》后，应在有效期（一般为六个月）内申请开工，逾期未开工又未提出延期申请的，《建设工程规划许可证》自行失效。

6.6 建设工程施工

1. 项目报建

工程建设项目报建是指各类房屋建筑、土木工程设备安装、管道线路敷设、装饰装修等固定资产投资的新建、扩建、改建以及技改等的建设项目，由建设单位或其代理机构在工程项目可行性研究报告或其他立项文件被批准后，向当地建设局或其授权机构进行报建。

工程建设项目报建的主要内容包括工程名称、建设地点、投资规模、资金来源、当年投资额、工程规模、开工、竣工日期、发包方式和工程筹建情况。

2. 建设工程招标方式

建设工程招标的方式包括公开招标、邀请招标和协商招标，他们的优缺点和适用范围具体见表6-2。

表6-2 建设工程招标方式优缺点和适用范围

招标方式	特点	优势	劣势	适用范围
公开招标	由招标单位通过报刊、广播、电视等传播媒介发布招标通告，公开请承包者参加投标竞争。凡具备规定条件的单位都可自愿参加投标	在众多的投标单位中选择报价合理、工期较短、信誉良好的承包商	由于参加投标的单位较多，所以审查投标资格及其标书的工作量较大，招标费用开支较多	一般适用于工程规模较大、技术复杂、报价水平不易掌握的大中型工程建设项目，以及采购数量多、金额大的物资设备、材料的供应

（续）

招标方式	特点	优势	劣势	适用范围
邀请招标	招标单位不公开发布招标通告，而是根据工程特点向经预先选择的承包商发出招标通知书或邀请函，然后根据各单位回函答复情况，确定投标对象，请他们参加招标项目的投标竞争。邀请参加投标单位的个数，要求不少于三家	由于对邀请对象的技术、经验和信誉方面比较了解和信任，所以组织工作比较简单。不仅可以节省招标费用、缩短招标工作的周期，也可以提高投标中标率	属于有限竞争性招标，这种招标方式限制了竞争范围，有可能失去优秀的投标者	是我国房地产开发企业普遍采用的方式
协商议标	由建设单位直接选择投标单位，就工程的工期和造价等条件，双方直接商谈中标条件和要求。参加议标的单位应不少于两家	双方在招标投标过程中费用支出最少，招标工作的周期也最短	议标缺乏竞争性，在造价上一般都偏高	适用于招标工作开展有困难的地区。工程规模不大、专业性较强或特殊要求多，面对造价要求并不十分苛刻的工程项目

3. 建设工程招标流程

根据《房屋建筑和市政基础设施工程施工招标管理办法》，施工单项合同估算价在 200 万元人民币以上，或者项目总投资在 3000 万元人民币以上的，必须进行招标。对于需要实行监理的工程（根据《建设工程监理范围和规模标准规定》，国家重点建设工程、大中型公用事业工程、成片开发建设的住宅小区工程、利用外国政府或者国际组织贷款、援助资金的工程以及国家规定的其他工程必须实行监理），还需要通过招标选择合适的监理单位，以代替建设单位对承建单位的工程建设实施监控。

招标工作由房地产开发企业主持，没有组织招标和编制标底能力的房地产开发企业，可委托工程咨询公司等招标服务公司代理。但这类服务机构必须具备一定技术资质，具有法人地位，经招标投标管理部门审查批准的企事业单位。

建设工程的招标流程一般如图 6-9 所示。

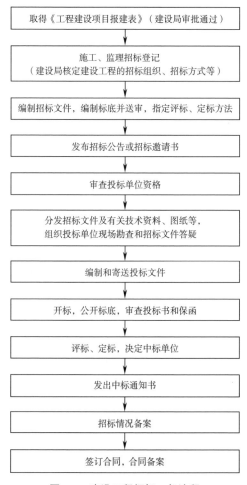

图 6-9　建设工程招标一般流程

4. 建设工程质量安全监督

建设工程质量安全监督登记是指在取得施工、监理单位中标通知书、建设工程施工、监理合同备案表后，房地产开发企业到建设局下的质量安全监督站进行登记。

建设工程施工安全措施备案是指根据《建设工程安全生产管理条例》，在申请领取《建筑工程施工许可证》之前，房地产开发企业将安全施工措施计划与施工组织设计等资料报建设局，由建设局审核后提出备案意见。

5. 建设工程放线和验线

建设工程放线是指在施工图纸出来之后，通过测量、定坐标等技术手段将图纸上的建筑物在实地上落实一个具体的位置。房地产开发企业在取得《建设工程规划许可证》后，工程正式开工之前，到规划局提出放线申请，由规划局下属的测绘机构到现场放线，取得建设工程放线测量记录册。

建设工程验线是指放线完毕，施工单位照着边角点施工，然后到规划局申请验线，验线合格的，取得建设工程规划验线测量册。

6.《建筑工程施工许可证》及其办理

《建筑工程施工许可证》是建筑施工单位符合各种施工条件、允许开工的批准文件，是建设单位进行工程施工的法律凭证，也是房屋权属登记的主要依据之一，如图 6-10 所示。

房地产开发企业申请领取《建筑工程施工许可证》，应当具备以下条件：

1）依法应当办理用地批准手续的，已经办理该建筑工程用地批准手续。

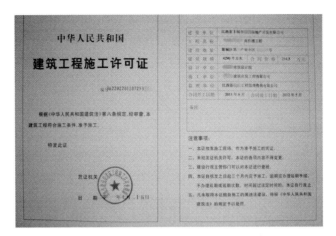

图 6-10　《建筑工程施工许可证》照片

2）在城市、镇规划区的建筑工程，已经取得建设工程规划许可证。

3）施工场地已经基本具备施工条件，需要征收房屋的，其进度符合施工要求。

4）已经确定施工企业。

5）有满足施工需要的技术资料，施工图设计文件已按规定审查合格。

6）有保证工程质量和安全的具体措施，并按照规定办理了工程质量、安全监督手续。

7）按照规定应当委托监理的工程已委托监理。

8）建设资金已经落实。

9）法律、行政法规规定的其他条件。

根据《建筑工程施工许可管理办法（2001 年版）》规定，建设单位应当自领取施工许可证之日起三个月内开工。因故不能按期开工的，应当在期满前向发证机关申请延期，并说明理由；延期以两次为限，每次不超过三个月。既不开工又不申请延期或者超过延期次数、时限的，施工许可证自行废止。

7. 建设工程临时设施和永久设施报批

建设工程临时施工设施的报批是指房地产开发企业为保障工程顺利开工，在取得《建设用地规划许可证》、总平面图以及临时施工用水、用电、出入口、排水设计等方案后，到当地水务局、供电局、市政局等部门申请建设工程临时施工设施的审批。

建设工程永久设施报批是指房地产开发企业为了保障工程施工，在取得《建设工程规划许可证》以及永久用水、用电、出入口、排水、用气等的方案之后，到水务局、供电局、市政局、煤气公司等部门申请建设工程永久设施的审批，并在审批通过后组织各设施的施工。

6.7 商品房预售

1. 商品房预售和预售方案

商品房预售也称楼花买卖，是指房地产开发企业与购房者约定，由购房者交付定金或预付款，而在未来一定日期拥有现房的房产交易行为。

商品房预售方案是指房地产开发企业向主管部门申请商品住房预售许可时需要提交的方案。商品房预售方案应当包括项目基本情况、建设进度安排、预售房屋套数、面积预测及分摊情况、公共部位和公共设施的具体范围、预售价格及变动幅度、预售资金监管落实情况、住房质量责任承担主体和承担方式、住房能源消耗指标和节能措施等。

房地产开发企业应当按照商品住房的预售方案销售商品房。预售方案中主要内容发生变更的，应当报主管部门备案并公示。

2.《商品房预售许可证》及其办理

《商品房预售许可证》是房地产开发企业进行商品房预售，向房管局（或建设局）申请预售许可而取得的证件，该证是房管局（或建设局）允许房地产开发企业在房屋未建好之前销售商品房的批准文件，由房管局（或建设局）统一印制、办理登记审批和核发证书，如图 6-11 所示。

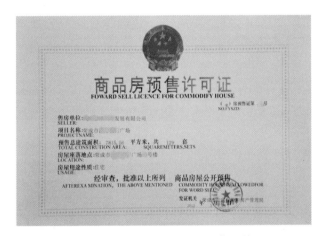

图 6-11 《商品房预售许可证》照片

《商品房预售许可证》包括下列内容：

1）预售许可证编号。

2）房地产开发企业名称。

3）项目名称。

4）项目坐落地点。

5）土地使用权出让合同书号、地块编号。

6）《房地产证》编号、栋数。

7）批准预售的建筑面积，其中包含的各类建筑面积和套数、间数。

8）发证机关、有效期。

9）附注内容等。

3. 商品房售价明码标价

商品房销售明码标价是指商品房经营者在销售商品房时按照《商品房销售明码标价规定》的要求公开标示商品房价格、相关收费以及影响商品房价格的其他因素，具体包括：

（1）商品房价格

商品房销售明码标价实行一套一标。按照建筑面积或者套内建筑面积计价的，还应当标示建筑面积单价或者套内建筑面积单价。

（2）与商品房价格密切相关的因素

1）开发企业名称、预售许可证、土地性质、土地使用起止年限、楼盘名称、坐落位置、容积率、绿化率、车位配比率。

2）楼盘的建筑结构、装修状况以及水、电、燃气、供暖、通信等基础设施配套情况。

3）当期销售的房源情况以及每套商品房的销售状态、房号、楼层、户型、层高、建筑面积、套内建筑面积和分摊的共有建筑面积。

4）优惠折扣及享受优惠折扣的条件。

（3）相关收费

1）商品房交易及产权转移等代收代办的收费项目、收费标准。代收代办收费应当标明由消费者自愿选择。

2）商品房销售时选聘了物业管理企业的，商品房经营者应当同时公示前期物业服务内容、服务标准及收费依据、收费标准。

（4）商品房所在地省级价格主管部门规定的其他内容

6.8　竣工验收与交付使用

1. 竣工专项验收

建设工程竣工专项验收是指在建设工程竣工之后，建设单位到规划局、人防办、环保局、卫生局、消防局、建设局等部门申请规划、人防、环保、卫生、消防、节能等专项验收。在验收合格后，取得各部门出具的验收文件或准许使用文件，再组织工程竣工验收并编制建设工程竣工验收报告。经验收合格的房地产项目，方可交付使用。

根据规定，有下列情形之一的，不予进行规划验收：

1）擅自变更建筑设计（包括变更建筑物位置、立面、层数、平面、使用功能、建筑结构、设备的容量）的。

2）未拆除原《建设工程规划许可证》标明应拆除的建筑物或构筑物的。

3）未拆除用地范围内的临时设施，未完成其配套工程的。

4）其他不符合《建设工程规划许可证》要求的。

2. 竣工专项验收基本流程

建设工程竣工专项验收的一般流程如图 6-12 所示。

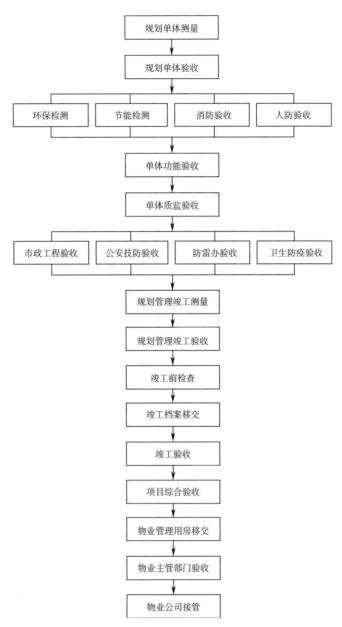

图 6-12　建设工程竣工专项验收一般流程

3. 交付使用条件

交付使用是指业主领取钥匙，接房入住的过程，也是房地产开发企业将房屋交付业主使用的过程。

商品房交付使用的条件如下：

1）"五通一平"，即煤气、上水、电热、污水、路通，一平即楼前 6m、楼后 3m 场地要平整，不准堆积建材或杂物，以确保进出安全。

2）煤气表、电表（单元表）、水表三表到户。

3）室内清扫干净，水池、水盆、马桶、垃圾道、门窗、玻璃、管道清理干净，无污物，达到窗明地净，地漏、雨水等处无堵塞杂物。

4）高层住宅楼生活供水系统，必须具有卫生防疫部门核发的用水合格证。

5）高层住宅楼电梯，必须具有劳动部门核发安全运行合格证。

6）高层住宅楼消防供水系统，必须经消防部门检验合格。

7）房屋应按图纸、文件要求达到设备齐全，功能可靠，手续完备。

4.《住宅质量保证书》和《住宅使用说明书》

在房屋交付时，房地产开发企业应当根据《商品住宅实行质量保证书和住宅使用说明书制度的规定》，向买受人提供《住宅质量保证书》和《住宅使用说明书》。《住宅质量保证书》用于明确房地产开发企业应承担的保修责任，《住宅使用说明书》的作用是向业主提示合理使用住房的注意事项。

（1）《住宅质量保证书》

《住宅质量保证书》是房地产开发企业对销售的商品住宅承

担质量责任的法律文件，可以作为商品房购销合同的补充约定。房地产开发企业应当按《住宅质量保证书》的约定，承担保修责任。

住宅保修期从房地产开发企业将竣工验收的住宅交付用户使用之日起计算，保修期限不应低于住建部规定的期限。房地产开发企业可以延长保修期。国家对住宅工程质量保修期另有规定的，保修期限按照国家规定执行。住宅中配置的设备、设施、生产厂家另有使用说明书的，应附于《住宅质量保证书》中。

《住宅质量保证书》一般包含以下内容：

1）工程质量部门核验的质量等级。

2）保修范围。

3）保修期。

4）用户报修的单位。

5）答复和处理的时限。

（2）《住宅使用说明书》

《住宅使用说明书》是房地产开发企业对住户合理使用住宅的提示。因用户使用不当或擅自改动结构、设备位置不当装修等造成的质量问题，开发企业不承担保修责任；因住户使用不当或擅自改动结构，造成房屋质量受损或其他用户损失，由责任人承担相应责任。

《住宅质量保证书》对住宅的结构、性能和各部位（部件）的类型、性能、标准做出说明，并提出使用注意事项，一般包含以下内容：

1）开发单位、设计单位、施工单位，委托监理的应注明监理单位。

2）结构类型。

3）装修、装饰注意事项。

4）上水、下水、电、燃气、热力、通信、消防等设施配置的说明。

5）有关设备、设施安装预留位置的说明和安装注意事项。

6）门、窗类型，使用注意事项。

7）配电负荷。

8）承重墙、保温墙、防水层、阳台等部位注意事项的说明。

9）其他需说明的问题。

5. 房屋交付使用基本流程

房屋交付使用的基本流程如下：

（1）发放入住通知书

房地产开发企业在取得当地规定交楼所需办理的证件后给购房者发放入住通知书。

（2）签订物业交付核验单

由购房者在检验结果与合同的约定无差别后，与房地产开发企业签订物业交付核验单或交屋单。

（3）发放钥匙

在签订了核验单后，购房者对房屋的修复结果或现状无异议，房地产开发企业将钥匙交给购房者，物业交付就完成了，该房屋的收益和风险就转移到购房者身上。在接收物业后的一般质量问题只能按照政府的有关规定由房地产开发企业保修，房地产开发企业不承担任何违约责任。

6. 房屋买卖纠纷解决途径

在购买房屋的过程中，房地产开发企业与购房者发生纠纷，一般可以采用以下几种解决方式：

（1）协商

协商是指当事人行使自己的合法处分权，在法律规定许可的前提下，互谅互让，协商解决纠纷。购房者和房地产开发企业对双方所发生的纠纷进行协商，提出一个双方都满意的解决方案，并就此达成一个纠纷解决协议。

（2）调解

调解是指在非仲裁机关和诉讼外的第三人主持下，房屋买卖纠纷的当事人达成协议解决纠纷。

（3）仲裁

仲裁是指买卖双方当事人依据他们事先或事后达成的协议，自愿将其争议提交给双方同意的仲裁机关，由该仲裁机关依据有关法律和事实裁定。

（4）诉讼

诉讼是争议或纠纷的当事人将争议或纠纷交由有权管辖的人民法院审理，由法院做出具有约束力的判决的一种审判制度。根据《中华人民共和国民事诉讼法》的规定，不动产纠纷案件，由不动产所在地的人民法院管辖，所以当事人因房产纠纷需要向人民法院起诉的，应当向该房产所在地的人民法院起诉。

（5）投诉

向行政机关投诉后，行政主管机关根据主管范围受理，依据有关法律和行政法规、规章做出行政决定。

如果纠纷不属行政机关主管，当事人可申请仲裁或提起民事诉讼。申请仲裁必须有约定仲裁协议，如无约定，不可申请仲裁，只能提起民事诉讼。仲裁实行一裁终局制。裁决做出后，当事人不可就同一纠纷再次申请仲裁或向人民法院起诉。

6.9 产权登记

1. 房地产产权及产权登记类型

房地产产权是指产权人对房屋的所有权（房屋产权）和对该房屋所占用土地的使用权，具体内容是指产权人在法律规定的范围内对其房地产的占有、使用、收益和处分的权利。简单地说，就是拥有使用该房屋，或出租该房屋获取租金收入，或出售该房屋获取增值，或将该房屋抵押给银行及其他组织或个人进行融资或贷款等权利。房屋作为不动产，与土地是不可分割的一个整体，房屋在发生转让等产权变更时，必然是房地一体进行的，不可能将房屋与土地分割开来处分。

不动产登记是指不动产登记机构依法将不动产权利归属和其他法定事项记载于不动产登记簿的行为。其中，不动产是指土地、海域以及房屋、林木等定着物。房地产登记属于不动产登记。

不动产登记包括不动产首次登记、变更登记、转移登记、注销登记、更正登记、异议登记、预告登记、查封登记等。

2. 初始登记和预告登记

（1）初始登记

初始登记是指房地产开发企业在工程竣工验收之后交付购房者之前，向当地房管局申请房地产权初始登记，由房管局进行审核，符合条件的，房管局予以登记。

（2）预告登记

预告登记是指当出现商品房预售、不动产买卖、抵押或以预购商品房设定抵押权等情况时，房屋权利人向不动产登记机构申请预告登记。

办理商品房预售、预购登记手续，可以通过房地产管理部门对房屋买卖交易的合法性和唯一性进行确认，有效保证买卖双方的合法权益。对买方来说，预购的商品房是一种期得利益，通过办理预售、预购登记手续，可以降低因不了解政策或其他情况而造成的投资风险；对卖方来说也可以减少因不必要的纠纷造成的损失。

预售人和预购人订立商品房买卖合同后，预售人未按照约定与预购人申请预告登记，预购人可以单方申请预告登记。

3. 转移登记、变更登记和注销登记

（1）转移登记

转移登记是指因房屋买卖、交换、赠予、继承、划拨、转让、分割、合并、裁决等原因致使其权属发生转移后所进行的房屋所有权登记。

（2）变更登记

变更登记是指发生下列情形之一时，房屋权利人所进行的房屋登记：

1）权利人的姓名、名称、身份证明类型或者身份证明号码发生变更的。

2）房屋的坐落、界址、用途、面积等状况变更的。

3）房屋权利期限、来源等状况发生变化的。

4）同一权利人分割或者合并房屋的。

5）抵押担保的范围、主债权数额、债务履行期限、抵押权顺位发生变化的。

6）最高额抵押担保的债权范围、最高债权额、债权确定期间等发生变化的。

7）地役权的利用目的、方法等发生变化的。

8）共有性质发生变更的。

9）法律、行政法规规定的其他情形。

（3）注销登记

注销登记是指因房屋灭失、土地使用年限届满、他项权利终止等进行的房屋权属登记。

4. 抵押备案登记和涂销抵押备案登记

（1）抵押备案登记

抵押备案登记是指根据我国《民法通则》和《合同法》的有关规则，业主向银行贷款购房，必须提供一定的财产作为担保债务履行的抵押物，业主不履行还贷义务的，银行依照法律的规定有权以抵押物折价抵偿或者以变卖抵押物价款优先得到偿还。业主称为抵押人，银行称为抵押权人，预购的商品房作为抵押物。要证明银行与业主之间的债权债务关系及抵押关系就必须到房屋管理部门办理抵押备案登记的手续，并领取他项权利证。该他项权利证是登记业主与银行抵押关系的证明，在按揭期间该证由银行保管。业主在此期间不享有该抵押物的处分权。

（2）涂销抵押备案登记

涂销抵押备案登记是指业主把贷款的本息还清给银行后由银行出具还清贷款的证明，业主须到国土房管局办理涂销抵押备案登记的手续，届时他项权利证亦被涂销，银行所享有的抵押权就灭失了。业主必须办理涂销抵押备案登记后才享有完全的所有权。

5. 不动产权证及其办理

不动产权证是房屋所有人依法拥有房屋并对房屋行使占用、使用、处分、收益权利的唯一合法凭证。不动产权证的外页除了中华人民共和国不动产权证外，在其右上角写有不动产登记抵押权、异地登记、查封登记等登记类型；内页内容规定了权利人、证件种类、证件号、共有情况、权利人类型、登记原因、使用期限、取得价格（以万元 /m² 为单位）。

根据规定，只有商品房项目办理了房地产初始登记后，购房者才能领取不动产权证。只有房地产开发企业按要求将商品房项目有关初始登记材料上报登记部门，按规定交纳有关税费并经登记部门按程序审批核准后，初始登记才算结束，购房者才能办证。

6.10 物业管理

1. 业主、业主大会和业主委员会

（1）业主

业主是指物业的所有人，即房屋所有权人和土地使用权人，是拥有物业的主人。在物业管理中，业主又是物业服务企业所提供的物业管理服务的主体，依法享有所拥有物业的各项权利和参与物业管理、要求物业服务企业依据物业服务合同提供相应的管理与服务的权利。

（2）业主大会

业主大会是由同一个物业管理区域内全体业主组成的，是代表和维护物业管理区域内全体业主在物业管理活动中的合法权益的业主自治管理组织。一个物业管理区域内，当业主人数较少时，应召开业主大会。当业主人数较多时，应召开业主代表大会，代表成员由业主小组成员组成。

业主大会有以下权力：

1）制定和修改业主大会议事规则。

2）制定和修改管理规约。

3）选举业主委员会或者更换业主委员会委员。

4）制定物业服务内容、标准以及物业服务收费方案。

5）选聘和解聘物业服务企业。

6）筹集和使用专项维修资金。

7）改建、重建建筑物及其附属设施。

8）改变共有部分的用途。

9）利用共有部分进行经营以及所得收益的分配与使用。

10）法律法规或者管理规约确定应由业主共同决定的事项。

（3）业主委员会

业主委员会是指由物业管理区域内业主代表组成，由业主大会从全体业主中选举产生，是经政府部门批准成立的代表物业全体业主合法权益的社会团体，代表业主的利益，向社会各方反映业主意愿和要求，并监督物业管理公司管理运作的一个民间性组织。业主委员会的权力基础是其对物业的所有权，它代表该物业的全体业主，对该物业有关的一切重大事项拥有决定权。

业主委员会的日常工作根据业主委员会章程来决定，主要包括以下几个方面的内容：

1）了解掌握物业管理区域、业主和使用人的基本情况。

2）对原来的物业管理与服务工作做出评价。

3）与物业服务企业签订物业服务合同。

4）管理好物业维修基金，掌握好对物业维修基金的使用权。

5）提出本辖区年度房屋修缮计划、设备维修更新计划、公共设施维修养护计划，并提出财务预算，做好物业维修基金的筹集工作。

6）督促业主和使用人遵守管理规约以及物业管理区域内的各项管理制度。

7）做好辖区内道路场地，车辆行驶和停放，以及设置广告等方面的管理。

8）做好内部管理工作，包括起草有关物业服务规约、办法的草案等。

2. 物业管理及其管理方式

物业管理是指业主通过选聘物业服务企业，由业主和物业服务企业按照物业服务合同约定，对房屋及配套的设施设备和相关场地进行维修、养护、管理，维护物业管理区域内的环境卫生和相关秩序的活动。

物业管理的方式主要包括委托管理型和自主经营型。

（1）委托管理型

委托管理型是指由房地产开发企业、业主采用招投标或协议的方式，通过物业管理服务合同委托专业化的物业服务企业，按照"统一管理，综合服务"的原则，提供劳务商品的管理行为。

委托管理型按照自用或出租又可分为：

1）自用委托型。业主将自有自用的物业委托物业服务企业管理，这是典型的委托管理方式。

2）代理经租型。业主将自有的物业出租，委托物业服务企业经营管理，有两种委托方式：一是出租权属于业主，由业主与租户签订租赁合同，物业服务企业只负责收租和管理；二是把经租权也委托给物业服务企业，由物业服务企业全权代表业主，招揽租户，签订租赁合同。

（2）自主经营型

自主经营型是指房地产开发企业、业主将自有的物业由自己单位内部设立物业管理部门来管理。自主经营型按其对物业的使用和经营方式又可分为：

1）自有自用型。这一类大多数是收益性物业，如商场、宾馆、度假村、厂房、仓库等。这些单位往往在自己企业内部设立不具有独立法人资格的物业管理部门来管理自己的物业。

2）自有出租型。房地产开发企业、业主和物业服务企业合为一体，经营管理自己的出租物业，实质上是一个拥有自己产业的物业服务企业。

自主经营型的物业管理区域一般规模都不大。如果本单位所属的物业管理部门成为独立的法人单位，这个物业服务企业与原单位（房地产开发企业、业主）就应该订立委托管理服务合同。自主经营型也就向委托管理型转换了。

3. 物业服务企业

物业服务企业是指按照物业服务合同的约定，专门进行房屋及配套的设施设备和相关场地的维修、养护、管理，维护物业管理区域内的环境卫生和秩序，为业主和使用人提供服务的企业。

物业服务企业的性质和物业管理的性质是分不开的，物业管理属于服务性行业，同时又是经营性的行为，因此，物业服务企业既是服务性机构，又是经营性的企业组织。它不像传统的房管单位是以物业产权所有者和管理者的身份来管理物业，它是以盈利为目的的企业。

物业管理主要包括管理和服务两类，管理包括房屋及设施设备管理、环境卫生管理、治安消防管理、绿化管理、车辆交通管理等。服务可分为常规性公共服务、针对性专项服务和委托性特约服务。

（1）管理方面的内容

1）建筑公共部位维修、养护和管理。

2）小区内供水、供电、照明、电梯、空调等共用设施、设备的管理。

3）小区内市政共用设施和附属建筑物、构筑物的养护和管理。

4）智能化设施设备管理。

5）房屋公共部位的清洁、垃圾的收集、清运，实行标准化清扫保洁。

6）绿化管理，主要是花木、草坪的养护。

7）消防管理，以预防为主、防治结合。

8）车辆交通管理。

9）治安管理，包括住宅小区主入口 24h 执勤、监控室实行 24h 监控、保安巡查、对进出人员实行登记管理等。

（2）服务方面的内容

1）常规性的公共服务。即物业管理处履行物业管理合同，为全体业主及住户提供的经常性服务，是所有业主及辖区内住户都可以享受到的，其主要内容包括家政服务、商务活动服务、礼仪服务、文化娱乐服务、老年服务等。

2）经营性的特约服务。即为某些住户群提供的服务。当住户提出其服务需求时，物业服务公司应尽力为其办妥办好。包括日常维修装饰服务、代收代购服务等。

4. 物业管理服务费

物业管理服务费是指物业产权人、使用人委托物业服务企业对居住小区内的房屋建筑及其设备、公用设施、绿化、整治及提供与居民生活相关的服务所收取的费用。

物业管理服务费主要用于公共物业及配套设施的维护保养费、聘用管理人员的薪金、公用水电的支出、购买或租赁必需的机械及器材的支出、公共地点清洁费用、公共区域绿化及草木维护费用以及其他为管理而发生的合理支出。

物业管理服务收费根据所提供服务的性质、特点等不同情况，分别实行政府定价、政府指导价和经营者定价。

为物业产权人、使用人提供的公共卫生清洁、公用设施的维修保养和保安、绿化等具有公共性的服务以及代收代缴水电费、煤气费、有线电视费、电话费等公众代办性质的服务收费，实行政府定价或政府指导价。凡属为物业产权人、使用人个别需要提供的特约服务，除政府物价部门规定有统一收费标准者外，服务收费实行经营者定价。

物业管理服务收费实行明码标价，收费项目和标准及收费办法应在经营场所或收费地点公布。

5. 物业保修

物业保修是指房地产开发企业应当对其出售的新建商品房承担质量保修责任。房地产开发企业应当与受让人在转让合同中约定保修范围、保修期限和保修责任。约定的保修期限不得低于国家规定的最低期限。保修期限自商品房交付之日起计算。

新建商品房在保修期限内再转让的，房地产开发企业应当继续承担对该商品房的保修责任。

6. 物业维修基金

物业维修基金是指新建商品住宅（包括经济适用住房）出售后建立的共用部位、共用设施设备维修基金，专项用于物业保修期满后，共用部位、共用设备设施的大中修和更新改造。

第 7 章　房地产交易

7.1　房地产交易相关合同

1. 商品房认购协议书和预售合同

商品房认购协议书是指商品房买卖双方在签署预售合同或买卖合同前所签订的文书，是对双方交易的商品房有关事宜的初步确认。

商品房预售合同是指商品房预售房和预购方双方约定，预售方在约定时间内将建成的商品房所有权转移给预购方，预购方向预售方交付定金或部分房款并按期接收商品房的书面协议。

商品房预售合同主要包括以下内容：

1）当事人名称或者姓名和住所。

2）商品房基本状况。

3）商品房的销售方式。

4）商品房价款的确定方式及总价款、付款方式、付款时间。

5）交付使用条件及日期。

6）装饰、设备标准。

7）供水、供电、供热、燃气、通信、道路、绿化等配套基础设施和公共设施的交付承诺和有关权益、责任。

8）公共配套建筑的产权归属。

9）面积差异的处理方式。

10）办理产权登记有关事宜。

11）解决争议的方法。

12）违约责任。

13）双方约定的其他事项。

商品房预售合同还应当附有预购商品房项目及楼层平面图，并在平面图上标明预购人所购商品房的楼号、楼层和房号的位置。

2.房屋买卖合同

房屋买卖合同是指出卖人将房屋所有权依约转给买受人所有，买受人支付价金的买卖合同。房屋买卖合同主要包括买卖双方基本情况、房屋地点、类型、价格、付款流程、交付方式、违约责任等内容。

违反法律、法规的房地产买卖合同无效，具体包括以下几种类型：

（1）无民事行为能力人所签订的房地产买卖合同。

无民事行为能力人的房屋买卖均应由其法定代理人代理签订合同，他们不能独立签订房地产买卖合同，否则属无效合同。

（2）限制行为能力人未取得法定代理人的同意签订的房地产买卖合同。

限制行为能力人只能进行与其年龄、智力、精神状况相适应的民事活动，他们进行房屋买卖应当由其法定代理人代为签订合同或取得法定代理人的同意。没有法定代理人的同意，限制行为能力人自己签订的房地产买卖合同无效。

（3）以欺诈签订的房地产买卖合同。

这是指一方当事人以捏造事实或隐瞒真相等欺骗手段，致使对方当事人发生错误认识所签订的房地产买卖合同。

（4）以胁迫的手段签订的房地产买卖合同。

指一方当事人以使对方财产、肉体或精神上受损害相威胁，迫使其感到恐怖而签订的房地产买卖合同。

（5）乘人之危签订的房地产买卖合同。

指一方当事人乘对方处于危难之际或利用对方的迫切需要，强迫对方接受明显不利的条件所签订的房地产买卖合同。

（6）双方当事人恶意串通，损害国家、集体或他人利益所签订的房地产买卖合同。

（7）当事人之间没有签订书面房地产买卖合同，又无据可查的，亦认定为房地产买卖合同无效。

3. 房屋租赁合同

房屋租赁合同是指房屋出租人将房屋提供给承租人使用，承租人定期给付约定租金，并于合同终止时将房屋完好地归还出租人的协议。

房屋租赁合同主要包括租赁双方基本情况、房屋的坐落、面积、装修及设施情况、住房用途、租赁期限、房租及支付方式、住房修缮责任、住房状况变更、转租的约定、违约责任、租赁合同的变更和终止等内容。

租赁双方应该在签订租赁合同 30 天内到房地产管理部门办理租赁登记手续，这是一个法定程序，只有办完了登记手续才算履行了有效的程序，租赁行为才算在法律上有效，租赁合同才会受到法律保护。否则，未办理登记的租赁合同在法律上是无有效的，一旦出现纠纷，不受法律保护。另外，续租、转租的租赁合同也要再次到房管部门办理登记手续。

4. 委托合同和居间合同

（1）委托合同

委托合同是指受托人以委托人的名义和费用为委托人办理委托事务，而委托人则按约支付报酬的协议。

在委托合同关系中，委托他人为自己处理事务的人称为委托人，接受委托的人称受托人。委托合同是建立在委托人和受托人相互信任的基础上，其标的是处理委托事务，一般是受托人以委托人的名义处理委托事务。

（2）居间合同

居间合同又称"中介服务合同"，是指居间人根据委托人的要求为委托人与第三人订立合同提供机会或进行介绍，而委托人须向居间人给付约定报酬的协议。

居间人是指促成委托人与第三人订立合同并因此取得报酬的中间人。报告订立合同的机会是指居间人接受委托人的委托，寻觅、搜索有关信息，向委托人报告订立合同的机会。提供订立合同的媒介服务是指居间人不仅要向委托人报告订立合同的机会，而且要在委托人与第三人之间传达对方意思，从中斡旋，努力促成委托人与第三人订立合同。

5. 合同格式条款

格式条款是当事人为了重复使用而预先拟定，并在订立合同时未与对方协商的条款。格式条款使当事人订立合同的过程得以简化，提高交易效率。但是，格式条款一方当事人往往会利用其优势地位，在条款中列入一些不公平的条款，而对方当事人由于其自身地位的原因，只能被动接受，因此这样的合同往往会违背公平原则。所以法律规定提供格式条款的一方应当遵循公平原则确定当事人之间的权利义务，并采用合理的方式提请对方注意免除或者限制其责任的条款，按照对方的要求，对该条款予以说明。

我国的《商品房买卖合同》均由各地行政主管审核才可作为格式条款。

6. 定金和订金

（1）定金

定金是指当事人双方为了保证债务的履行，约定由当事人方先行支付给对方定数额的货币作为担保，定金的数额由当事人约定，但不得超过主合同标的额的 20%。定金合同要采用书面形式，并在合同中约定交付定金的期限，定金合同从实际交付定金之日生效。债务人履行债务后，定金应当抵作价款或者收回。给付定金方不履行约定债务的，无权要求返还定金；收受定金方不履行约定的债务的，应当双倍返还定金。

（2）订金

根据我国现行法律的有关规定，订金不具有定金的性质，只是单方行为，不具有明显的担保性质。交付订金的一方主张定金权利的，人民法院不予支持。

一般情况下，交付订金的视作交付预付款。交付和收受订金的当事人一方不履行合同债务时，不发生丧失或者双倍返还预付款的后果，订金仅可作损害赔偿金。

7. 违约责任和违约金

（1）违约责任

违约责任是指当事人不履行合同义务或者履行合同义务不符合合同约定而依法应当承担的民事责任。违约行为的主体是合同当事人。如果由于第三人的行为导致当事人一方违反合同，对于合同对方来说只能是违反合同的当事人实施了违约行为，第三人的行为不构成违约。

（2）违约金

违约金是指按照当事人的约定或者法律直接规定，一方当事人违约的，应向另一方支付的金钱。违约金的标准是金钱，但当事人也可以约定违约金的标的物为金钱以外的其他财产。

8.不可抗力

不可抗力是指合同签订后，不是由于当事人一方的过失或故意，发生了当事人在订立合同时不能预见，对其发生和后果不能避免并且不能克服的事件，以致不能履行合同或不能如期履行合同。遭受不可抗力事件的一方，可以据此免除履行合同的责任或推迟履行合同，对方无权要求赔偿。

不可抗力通常包括两种情况：一种是自然原因引起的，如水灾、旱灾、暴风雪、地震等；另一种是社会原因引起的，如战争、罢工、政府禁令等。但不可抗力事件目前国际上并无统一的明确的解释。哪些意外事故应视作不可抗力，可由买卖双方在合同的不可抗力条款中约定。

9.合同纠纷解决方式

当发生合同纠纷时，由买卖双方协商解决，协商不成的，可选择向仲裁委员会申请仲裁或依法向人民法院起诉的方式解决。

大部分人会选择仲裁这种方式，其理由是仲裁人员由高学历的专业人士担任。按《仲裁法》规定，如果是一名仲裁员仲裁，由当事人双方共同选定该仲裁员；如果由三名仲裁员仲裁，双方可各选一名，第三名即首席仲裁员由双方共同选定或仲裁委员会指定。仲裁人员由于不是专职人员，所以受到行政干扰较少。仲裁相对诉讼所需时间较短。但仲裁实行的是一裁终裁制，除了法律规定的可申请撤销情形外，不能对仲裁裁决像诉讼那样由于不服一审判决可以提出上诉，对上诉判决不服可以请求再审，对仲裁结果只能遵守、履行。另外，仲裁费用较高，目前仲裁费用相当于法院起诉、上诉两审的费用，仲裁费用最终由败裁一方承担，而法院的受理费则是根据案件标的额的大小来确定，法院判决时通常不会要求诉讼费全部由败诉人承担。

7.2 房地产交易税费

1. 税收和税率

税收是国家为实现其职能，凭借政治权力，按照法律规定的标准，强制地、无偿地征收货币或实物的一种经济活动，是国家参与社会产品和国民收入分配和再分配的重要手段，也是国家管理经济的一个重要调节杠杆。

税率是指纳税额与征税对象数额之间的比例。它是计算应纳税额的尺度。我国现行税法的税率有比例税率、累进税率和定额税率三种。

2. 契税

契税是指房屋所有权发生变更时，就当事人所订契约按房价的一定比例向新业主（产权承受人）征收的一次性税收。它是对因房地产产权变动而征收的一种专门税种，主要是对个人和私营单位购买、承典、承受赠予或交换的房屋征收契税。

契税以成交价格为计税依据，采用比例税率，税率为 3%~5%，具体契税适用税率由地方规定。

2016 年，财政部、国家税务总局、住房和城乡建设部《关于调整房地产交易环节契税营业税优惠政策的通知》规定：

1）对个人购买家庭唯一住房（家庭成员范围包括购房者、配偶以及未成年子女），面积为 90m² 及以下的，减按 1% 的税率征收契税；面积为 90m² 以上的，减按 1.5% 的税率征收契税。

2）对个人购买家庭第二套改善性住房，面积为 90m² 及以下的，减按 1% 的税率征收契税；面积为 90m² 以上的，减按 2% 的税率征收契税（北上广深暂不实施此项优惠政策）。

3. 增值税和增值税附加税

增值税是以商品在流转过程中产生的增值额作为计税依据而征收的一种流转税。个人转让房地产时应缴纳增值税，不再继续缴纳营业税。

个人将购买不足 2 年的住房对外销售的，按照 5% 的征收率全额缴纳增值税；个人将购买 2 年以上（含 2 年）的住房对外销售的，免征增值税（如果是北上广深的非普通住房对外销售的，按照销售收入减去购买住房价款后的差额的 5% 的征收率缴纳增值税）。

增值税附加税包括城市维护建设税、教育费附加和地方教育费附加。城市维护建设税是对从事工商经营缴纳消费税、增值税的单位和个人征收的一种税。它本身无特定的征税对象，而以消费税、增值税税额为计税依据，随次"两税"附征，属一种附加税。教育费附加是为发展教育事业、筹集教育经费而征收的一种附加费。

若增值税税额减少，附加税税额也会减少。附加税 = 增值税 × 税率 12%（包括：城市维护建设税 7%、教育费附加 3%、地方教育费附加 2%）。

4. 个人所得税

个人所得税简称个税，是指个人将拥有合法产权的房屋转让、出租或其他活动并取得收入，就其所得计算征收的一种税赋。2006 年 7 月起，除个人转让自住唯一居住用房五年免征个人所得税外，其余情况均需要征收个人所得税，具体执行有以下两种情况：

（1）非居住用房（一般有商铺、写字楼、停车场等）

1）能提供上手购房发票，据实征收个人所得税＝（转让收入 – 房产原值 - 合理费用）× 20%。

2）不能提供上手购房发票的，核定征收个人所得税＝转让收入 × 7.5% × 20%＝转让收入 × 1.5%。

（2）居住用房

1）不论是否为普通住房，能提供上手购房发票，据实征收个人所得税＝（转让收入 – 房产原值 – 合理费用）× 20%。

2）不能提供上手购房发票的，核定征收个人所得税＝转让收入 × 5% × 20%＝转让收入 × 1%。

5. 印花税

印花税是对经济活动和经济交往中书立、领受凭证征收的一种税。它是一种兼有行为性质的凭证税，具有征收面广、税负轻、由纳税人自行购买并粘贴印花税票完成纳税义务等特点。

印花税的课税对象是房地产交易中的各种凭证，包括房屋因买卖、继承、赠予、交换、分割等发生产权转移时所书立的产权转移书据，由订立合同的双方当事人，按照 0.05% 的比例缴纳印花税。买受人应缴纳每证 5 元的权证印花税。自 2008 年 11 月 1 日起，对个人销售和购买住房免征印花税。

6. 土地增值税

土地增值税是国家为了规范土地和房地产交易秩序，调节土地增值收益而采取的一项税收调节措施。按照《土地增值税暂行条例》规定，转让国有土地使用权、地上建筑物及其附着物（即转让房地产）并取得收入的单位和个人，应当缴纳土地增值税。自

2008 年 11 月 1 日起，对个人销售住房暂免征收土地增值税。

土地增值税的征收实行四级超额累进税率：

增值额未超过扣除项目金额 50% 的部分，税率为 30%，税金 = 增值额 ×30%。

增值额超过扣除项目金额 50% 的部分，未超过 100% 的部分，税率为 40%，税金 = 增值额 ×40%– 扣除项目金额 ×5%。

增值额超过扣除项目金额 100% 的部分，未超过 200% 的部分，税率为 50%，税金 = 增值额 ×50%– 扣除项目金额 ×15%。

增值额超过扣除项目金额 200% 的部分，税率为 200%，税金 = 增值额 ×60%– 扣除项目金额 ×35%。

7. 房产税

房产税是以房屋为征税对象，对产权所有人就其房屋原值或租金收入征收的一种税费。由于房产是财产的一种，所以房产税也是一种财产税。

房产税的纳税人是拥有房产产权的单位和个人，采用比例税率。由于房产税的计税依据分为从价计征和从租计征两种形式，所以房产税的税率也有两种。一种是按房产原值一次减除 10%~30% 后的余值计征的，税率为 1.2%；一种是按房产出租的租金收入计征的，税率为 12%。

自 2008 年 3 月 1 日起，对个人出租住房，不区分用途，按 4% 税率的征收房产税。对企事业单位、社会团体及其他组织按市场价格向个人出租用于居住的住房，减少到按 4% 的税率征收房产税。

8. 房地产交易费用

房地产交易需要缴纳的费用主要包括房地产交易手续费、房屋权属登记费、勘丈费、房地产产权证工本费等。

（1）房地产交易手续费

房地产交易手续费又称买卖手续费、过户手续费或交易管理费，是指由政府依法设立的，由房地产主管部门设立的、房地产交易机构为房屋权利人办理交易过户等手续所收取的费用，收费标准按照面积或交易额分段收费，各个地方有不同的标准，一般为100~1000元。

（2）房屋权属登记费

房屋权属登记费是指县级以上地方人民政府行使房产行政管理职能的部门依法对房屋所有权进行登记，并核发产权证书时，向房屋所有权人收取的登记费，一般为100元左右。

（3）勘丈费

勘丈费是指房产测绘机构收取的房产测绘（或勘丈）费用，一般为几十元至几百元。

（4）房地产产权证工本费

房地产产权证工本费是指制作房地产产权证的费用，一般为几元至几十元。

（5）中介机构佣金

中介机构的佣金，即中介机构为交易双方的居间服务费。

（6）评估费

新房在交易过程中，不要求对房屋进行评估。在存量房买卖中，需对房屋进行估价的情形一般为以下两种：

1）申请贷款时，公积金贷款中心或商业银行为确定房屋的价格需对待抵押的房地产进行估价。

2）缴纳房地产有关税费时，交易双方申报的房屋成交价格过低，有关主管部门对房屋进行估价。

自 2015 年 1 月 1 日起，对房地产价格评估机构为委托人提供房地产价格评估服务、提供土地价格评估服务收费实行市场调节价。

（7）住房公积金贷款担保费

在公积金贷款中，银行为了规避房贷风险，需要借款人提供有足够代偿能力的法人、其他经济组织或自然人的担保保证，并获取一定的担保费。常见的担保方式为担保中心或担保公司进行担保。

（8）公证费

如果购房需要办理公证，则还要缴纳一定比例的公证费。在房屋买卖环节中，如房产所有权转移涉外和涉港澳台，必须办理公证证明，再办理不动产登记事宜。买卖双方也可自行约定需要公证的事项。

（9）土地出让金

转让在划拨土地使用权用地上建造并允许出售的商品房，卖方须缴纳土地出让金。

9. 一手房交易相关税费

（1）出售一手房需要支付的税费

1）增值税及附加：总房价款的 5.6%。

2）印花税：总房价款的 0.05%。

3）企业所得税：所得额的 20%~25%。

（2）购买一手房需要支付的税费

1）在交易过程中所需支付的税费。

①契税：总房价款的 1%~3%。

②交易手续费：一般为几百元。

③买卖合同印花税：总房价款的 0.05%。

④公共维修基金：约为购房款的 2%。

⑤电话、燃气、有线电视、可视对讲及智能化，设备初装费。

2）在申办产权过程中所需支付的税费。

①权属登记费：一般为 100 元左右。

②产权证工本费：一般为几元至几十元。

③房产证印花税：一般为每件 5 元。

3）办理按揭贷款过程中所需支付的费用。

①买卖合同公证费（自愿）：一般按成交价的 3% 计收，由公证处收取。

②按揭合同公证费：按贷款额的 0.3% 计收，一般为几百元，由公证处收取。

③保险费：保险费＝贷款额 × 年费率 × 年限系数，年费率按成交价的 0.5‰～1‰计收，贷款时间越长年费率越低，由保险公司收取。

④律师费：一般为 500~1000 元，由律师事务所收取。

⑤抵押登记及他项权证办理费：视贷款银行而定，一般为 100 元左右。

10.二手房交易相关税费

（1）出售二手住房需要支付的税费

1）增值税及增值税附和税。对购房满 2 年以上的普通住宅不征收；对购房未满 2 年的普通住宅征收交易价格的 5.5% 的增值税及其附加税费。

在二手房交易中卖家对于购房起始时间，卖家有 3 个时间可以选择，分别是房地产买卖合同签订时间、房地产证的出证时间或契税完税凭证上注明的时间，这 3 个时间都可以作为购房的起始时间。其中选择房地产买卖合同签订时间对卖家来说可能最划算。

2）印花税。总房价款的 0.05%。

3）个人所得税。个人所得税为二手房交易中的增值部分，即交易价格和原购房价格加上一定合理费用的总和的差额，税率为20%，或按成交报价的1%征收。个人所得税对购房5年以上且家庭唯一居住用房的房屋实行免征。

4）土地出让金。原土地性质属于行政划拨的，需要交纳土地出让金，一般按成交额的1%计算。

5）中介佣金。具体由买卖双方与房地产中介公司约定，一般每一方不超过交易价格的3%。

（2）购买二手住房需要支付的税费

1）契税：总房价款的1%~3%。契税为合同报价，低于房管部门评估价的以房管部门的评估价为准。

2）交易手续费：一般为几百元。

3）买卖合同印花税：总房价款的0.05%。

4）权属登记费：一般为100元左右。

5）产权证工本费：一般为几元至几十元。

6）房产证印花税：一般为每件5元。

7）中介佣金：为真实成交价的1%~3%。

8）买卖合同公证费（国内公民不必）：一般按成交价的3%计收，由公证处收取。

9）按揭合同公证费：按贷款额的3%计收，一般为几百元，由公证处收取。

10）保险费：保险费=贷款额×年费率×年限系数，年费率按成交价的0.5‰~1‰计收，贷款时间越长年费率越低，由保险公司收取。

11）律师费：一般为500~1000元，由律师事务所收取。

12）抵押登记及他项权证办理费：视贷款银行而定一般为100

元 ~1000 元。

13）评估费：一般评估价格 100 万以下部分收取评估结果的 0.5%，100 万元以上部分 0.25%。

7.3　房地产中介服务

1. 房地产中介服务类型

房地产中介服务是指在房地产投资、建设、交易、消费等各个环节中为当事人提供居间服务的经营活动，是房地产咨询、房地产价格评估、房地产经纪等活动的总称。

（1）房地产经纪

房地产经纪主要是帮助房地产出售者、出租人寻找到房地产的购买者、承租人，或者帮助房地产的购买者、承租人寻找到其欲购买、承租的房地产，房地产经纪是房地产市场运行的润滑剂，是知识密集和劳动密集的行业。

（2）房地产估价

房地产估价主要是分析、测算和判断房地产的价值并提出相关专业意见，为土地使用权出让、转让和房地产买卖、抵押、征收征用补偿、损害赔偿、课税等提供价值参考依据。

（3）房地产咨询

房地产咨询主要是为房地产活动的当事人提供法律法规、政策、信息、技术等方面的顾问服务。

2. 房地产中介服务机构概念

房地产中介服务机构是指按国家及地方有关法律、法规注册的具有独立法人资格的经济组织。房地产中介服务机构包括房地产咨询机构、房地产价格评估机构、房地产经纪机构等。

3. 房地产经纪分类

房地产经纪按服务方式分类，主要分为房地产居间和房地产代理。

（1）房地产居间

房地产居间是指房地产经纪机构和房地产经纪人员按照房地产经纪服务合同约定，向委托人报告订立房地产交易合同的机会或者提供订立房地产交易合同的媒介服务，并向委托人收取佣金的经纪行为。

房地产经纪机构和房地产经纪人员不仅向委托人提供房地产的交易信息，包括交易的数量、交易行情、交易方式等，使委托人能够选择符合自己交易目的的房地产，而且为委托人提供订立房地产交易合同的媒介服务。

（2）房地产代理

房地产代理是指房地产经纪机构和房地产经纪人员按照房地产经纪服务合同约定，以委托人的名义与第三人进行交易，并向委托人收取佣金的经纪行为。

房地产代理是基于房地产经纪服务委托人确定委托代理合同权限和房地产经纪机构接受授权的房地产经纪服务合同而产生的，属于委托代理。因此，房地产经纪机构和房地产经纪人员的代理行为受经纪服务合同规定的代理权限限制，合同未规定的内容，代理人无权处理。

4. 房地产经纪机构及其设立

房地产经纪机构是指依法设立，从事房地产经纪活动的中介服务机构。设立房地产中介服务机构，应当向工商行政管理部门申请设立登记，领取营业执照后，方可开业。

设立房地产经纪机构，应当具备下列条件：

1）有自己的名称和组织机构。

2）有固定的服务场所。

3）有必要的财产和经费。

4）有足够数量的专业人员。

5）法律、行政法规规定的其他条件。

5. 房地产经纪人员

在房地产交易活动中，从事促成房地产公平交易，从事存量房和新建商品房居间、代理等专业活动的人员都属于房地产经纪从业人员。房地产经纪专业人员是指通过房地产经纪专业人员职业资格考试，取得职业资格证书的房地产经纪从业人员。房地产经纪从业人员不得以个人名义承接房地产经纪业务，收取费用，也不得同时在两个及以上机构从事房地产经纪活动。

房地产经纪专业人员资格考试分为房地产经纪人协理、房地产经纪人和高级房地产经纪人三个级别。房地产经纪人协理和房地产经纪人职业资格实行统一考试的评价方式。通过房地产经纪人协理、房地产经纪人职业资格考试，取得相应级别职业资格证书的人员，表明其已具备从事房地产经纪专业相应级别专业岗位工作的职业能力和水平。

6. 房地产经纪人员职业资格考试

国家对房地产经纪人员实行职业资格制度，纳入全国专业技术人员职业资格制度统一规划和管理。房地产经纪人实行全国统一大纲、统一命题、统一组织的考试制度,由国务院住房和城乡建设主管部门、人力资源和社会保障主管部门共同组织实施,原则上每年举行一次。

房地产经纪人协理实行全国统一大纲,由各省、自治区、直辖市人民政府建设(房地产)主管部门、人力资源和社会保障主管部门命题并组织考试的制度,每年的考试次数根据行业发展需要确定。

房地产经纪人员职业资格考试和房地产经纪人协理职业资格考试的难度都比较高。比较简单的是,目前国内许多一、二级城市地方政府均有举办地方房地产经纪从业人员培训,通过培训的房地产从业人员可获得相应的地方房地产经纪从业人员证书,获得该证书的人员可在当地进行房地产经纪活动。

7. 房地产经纪收费

佣金是指中介机构完成一宗房地产经纪业务后获取的报酬。它是一种劳动收益、风险收益和经营收益的结果,一般佣金为房价的1%~3%或一个月房租的一半到全部。

房地产经纪机构未完成房地产经纪服务合同约定事项,或者服务未达到房地产经纪服务合同约定标准的,不得收取佣金。

8. 房地产经纪服务明码标价

房地产经纪服务明码标价是指地产经纪机构提供房地产经纪服务应当按照规定公开标示服务价格等有关情况的行为,具体包括:

1)在经营场所醒目位置标明房地产经纪服务项目、服务内容、收费标准以及相关房地产价格和信息。

2)不得收取任何未予标明的费用。

3)不得利用虚假或者使人误解的标价内容和标价方式进行价

格欺诈。

4）一项服务可以分解为多个项目和标准的，应当明确标示每一个项目和标准，不得混合标价、捆绑标价。

7.4 房屋租赁

1. 房屋租赁概念

房屋租赁是指房屋所有权人作为出租人将其房屋出租给承租人使用，由承租人向出租人支付租金的行为。承租人是指在租赁合同中，享有租赁财产使用权，并按约定向对方支付租金的当事人。

2. 房屋出租类型

根据有关法律规定，以下几种类型的房屋不能出租：

1）未依法取得产权证的。

2）司法机关和行政机关依法裁定、决定查封或者以其他形式限制房地产权利的。

3）共有房屋未取得共有人同意的。

4）房屋权属有争议的。

5）属于违法、违章建筑的。

6）不符合安全标准的。

7）已抵押、未经抵押权人同意的。

8）不符合公安、环保、卫生等主管部门有关规定的。

9）有关法律、法规规定禁止出租的其他情形。

如果出租的房屋属于上述中的一种，则租赁合同无效，不受法律保护。

3. 租金和押金

（1）租金

租金是指出租人向承租人收取的转让资产使用权的补偿款。除租金外，出租人不得因房屋租赁向承租人收取租金以外的其他费用。

租金的支付方式、支付时间应详细商讨并记入合同中，并注明租金是否包含物业管理费、水电费、垃圾费等费用，若不包含则应该对这些费用的支付问题进行说明。

（2）押金

押金用于担保合同的履行，如果承租人不履行合同的任何一部分，押金会被出租人没收。

另外，押金也作为对房屋及其设施毁损的担保，若房屋及其设备无毁损，出租人应退还押金。在押金问题上，目前一般为押二付一或押二付二。

4. 交房时间

交房时间是指承租人真正拿到钥匙可以入住的时间。出租人应按租赁合同约定的时间向承租人提供房屋。出租人未按租赁合同约定时间向承租人提供房屋，应向承租人支付合同约定的违约金，违约金不足以赔偿由此造成承租人损失的，出租人应就不足部分进行补偿。

5. 房屋租赁登记

房屋租赁关系需要登记。房屋租赁关系的设立、变更，当事人应自签订租赁合同之日起十日内到区主管机关登记。

　　租赁当事人出租房屋而不进行登记的,对出租人或者转租人处以月租金的1~2倍罚款,并追缴管理费和滞纳金;对有过错的承租人或受转租人处以一倍以下罚款。

第 8 章　房地产贷款和保险

8.1 房地产贷款及其分类

1. 房地产贷款概念

贷款是指商业银行或其他信用机构以按一定的利率和期限还本付息为条件，将货币资金转让给其他资金需求者的信用活动。

房地产贷款可从两个角度来表述：

1）贷款的用途是房地产的贷款，如将贷款用于买房或租房，用于房屋改造、修缮或房地产开发。

2）房地产抵押贷款，即以房地产作为抵押物发放的贷款，该贷款可能用于房地产，也可能用于其他方面，如某人将其房地产抵押给银行申请贷款用于购买汽车，某公司将其房地产抵押给银行申请贷款用于公司经营。

典型的房地产贷款是上述两者兼有的贷款，既贷款即用于房地产，又以房地产作为抵押物，如常见的个人用于购买住房的贷款，通常对应的是所购住房抵押，即个人住房抵押贷款。

2. 房地产开发贷款和土地储备贷款

（1）房地产开发贷款

房地产开发贷款是指对房地产开发企业发放的用于住房、商业用房和其他房地产开发建设的中长期项目贷款。房地产贷款的对象是注册的有房地产开发、经营权的国有、集体、外资和股份制企业。房地产开发贷款期限一般不超过三年（含三年）。贷款原则上应采取抵押担保或借款人有处分权的国债、存单及备付信用证质押担保方式，担保能力不足部分可采取保证担保方式。

（2）土地储备贷款

土地储备贷款是银行向土地储备机构发放的用于收购、整治土地，提升土地出让价值的短期周转贷款。其主要用途包括支付征地补偿费、安置补助费、地上附着物和青苗补偿费、场地平整费、缴纳土地出让金等。

3. 个人住房贷款和个人住房租赁贷款

（1）个人住房贷款

个人住房贷款是指贷款人向借款人发放的用于购买、建造和大修住房的贷款。

（2）个人住房租赁贷款

个人住房租赁贷款是指贷款人向借款人发放的用于支付住房租金的贷款。它属于个人消费贷款。

4. 短期贷款、中期贷款和长期贷款

短期贷款是指贷款期限在 1 年以下（含 1 年）的贷款。

中期贷款是指贷款期限在 1 年以上（不含 1 年）、5 年以下（含 5 年）的贷款。

长期贷款是指贷款期限在 5 年以上（不含 5 年）的贷款。

贷款期限不同，贷款利率一般不同。通常情况下，贷款期限越长，贷款利率越高。但短期贷款主要用于满足借款人对资金的急需，贷款利率通常较高。

5. 信用贷款和担保贷款

（1）信用贷款

信用贷款是指向借款人发放的无须提供担保的贷款，即完全凭

借款人的信用，借款人不需要任何担保就可以获得贷款。

（2）担保贷款

担保贷款是指以特定的财产或某人的信用作为还款保证的贷款。按担保方式，又可分为抵押贷款、质押贷款和保证贷款。贷款人可根据借款人的具体情况，采取一种或几种担保方式。

1）抵押贷款。抵押贷款是指以借款人或第三人的财产作为抵押物发放的贷款。由于房地产具有不可移动、寿命长久、保值增值、价值较大等特性，在抵押贷款中房地产抵押贷款通常是最主要的贷款形式。

2）质押贷款。质押贷款是指借款人或第三人将符合规定条件的应享受的利益凭证交由贷款银行占有，贷款银行以应该享受的利益作为贷款担保而向借款人发放的贷款。

3）保证贷款。保证贷款是指贷款银行以借款人提供的有代为清偿能力的法人或个人作为保证人而向其发放的贷款。

6.房地产抵押贷款类型

房地产抵押贷款是指贷款人以借款人或第三人的房地产作为抵押物发放的贷款。在房地产抵押贷款中，借款人为债务人，贷款人为债权人；债权人同时也是抵押权人，但债务人不一定是抵押人。抵押人是指将其房地产提供给抵押权人，作为本人或第三人履行债务担保的公民、法人或其他组织；抵押权人是指接受房地产抵押作为债务人履行债务担保的公民、法人或其他组织。抵押权人通常为银行。

房地产抵押可分为现房抵押、购房贷款抵押、在建工程抵押等。房地产抵押应向不动产登记机构办理不动产抵押登记。

（1）现房抵押

现房抵押是指抵押人以自有房屋以不转移占有的方式向抵押权人提供债务履行担保的行为。

（2）购房贷款抵押

购房贷款抵押是指购房人在支付首期规定的房价款后，由金融机构代其支付剩余的购房款，将所购商品房抵押给该金融机构作为偿还贷款履行担保的行为。

（3）在建工程抵押

在建工程抵押是指抵押人以其合法方式取得的土地使用权连同在建工程的投入资产以不转移占有的方式向抵押权人提供债务履行担保的行为。

7. 房地产贷款相关参与者

（1）借款人和贷款人

对于个人购房贷款来说，借款人主要是购买房屋的个人，贷款人主要是商业银行和住房公积金中心。

（2）担保机构、保险机构和担保自然人

担保机构和保险机构主要是担保公司、保险公司，他们通过为房地产贷款提供担保和保险，增加借款人的信用，为贷款人防范贷款风险提供保障，促进房地产贷款业务发展。

担保自然人是指借款人的亲属、朋友等，跟借款人有关系并具备一定条件，能够在借款人能力不足的情况下提供担保还款义务。

（3）专业服务机构

专业服务机构是为房地产贷款当事人提供相关专业服务的机构，包括贷款日常维护服务机构、房地产估价机构、房地产经纪机构、律师事务所等。

1）日常维护服务机构。抵押贷款的日常维护服务主要包括收取还款额并转交给贷款人、向借款人发出还款通知、在贷款逾期时提醒借款人、记录贷款本金余额的变化、管理和缴纳房地产税费和保险事宜等。

2）房地产估价机构。抵押房地产的价值是确定抵押贷款金额的基本依据，商业银行等金融机构在发放抵押贷款前一般会要求对抵押房地产价值进行评估，需要房地产估价机构出具房地产抵押估价报告。

3）房地产经纪机构。房地产经纪机构可为房地产交易者提供房地产信贷政策咨询服务，帮助其测算贷款金额、选择贷款机构，为其代办房地产贷款手续，为商业银行等金融机构介绍贷款客户，提供不动产抵押登记代办服务等。

4）律师事务所。律师事务所主要为房地产抵押贷款提供法律服务，如起草借款合同、抵押合同，受托签订借款合同、抵押合同，处理违约贷款的法律事务等。

8.2 个人住房贷款

1. 公积金贷款、商业性贷款和组合贷款

（1）个人住房公积金贷款

住房公积金是指国家机关、国有企业、城镇集体企业、外商投资企业、城镇私营企业及其他城镇企业、事业单位、民办非企业单位、社会团体及其在职职工缴存的长期住房储金。住房公积金包括职工个人缴存部分和职工所在单位缴存部分，属于职工个人所有，用于职工购买、建造、翻建、大修自住住房。

个人住房公积金贷款是指以住房公积金为资金来源，向缴存住房公积金的职工发放的定向用于购买自住普通住房的贷款。住房公积金贷款是低息优惠贷款，只有按规定履行缴存住房公积金义务的职工才能享有申请贷款的权利。适用于缴存了住房公积金的职工，申请购买、修建自住用房所需贷款。

（2）个人住房商业性贷款

个人住房商业性贷款是指通常所说的购房抵押贷款，俗称银行按揭，是指具有完全民事行为能力的自然人，在购买住房时，以其所购产权住房作为抵押，作为偿还贷款的保证而向银行申请的住房商业性贷款。适用于未缴存住房公积金的职工购房贷款。

（3）个人住房组合贷款

个人住房组合贷款是指个人购买自住普通住房向住房公积金管理中心申请住房公积金贷款不足时，其不足部分申请住房商业性贷款的两种贷款之总称。

此外，常见的有贴息贷款，是指住房公积金管理中心与有关商业银行合作，对商业银行发放的商业性个人住房贷款，凡符合住房公积金管理中心贴息条件的借款人，由住房公积金管理中心根据借款人可以申请的贴息额度给予利息补贴。该贷款产品性质属商业贷款，只是对于住房公积金管理中心核定的可享受贴息部分的贷款，借款人实际上享受的是住房公积金贷款的利率。

2. 首付款及其计算

首付款是以贷款或分期付款方式购买住房时所付的第一笔价款，通常有最低首付款比例的规定，而且会根据有关情况而调整，并因实行差别化住房信贷政策，不同购房人的最低首付款比例可能不同。

办理新建商品房个人住房贷款时，首付款是按照购买时的合同价格作为参考，并根据个人贷款次数和个人贷款的信誉度进行多方面的审核来确定首付款比例，按照确定的比例计算首付款数额。办理二手房个人住房贷款时，以二手房价格和成交价格较低的数值作为参考，并根据个人贷款次数、房龄、贷款年限、个人贷款的信誉度进行多方面的审核来确定首付款比例，按照确定的比例计算首付款数额。

3. 贷款成数、偿还比率和贷款额度

（1）贷款成数

贷款成数又称贷款价值比率（LTV）、抵押率，是指贷款金额占抵押住宅价值的比率。各贷款银行在不同时期对贷款成数要求相同，一般有最高贷款成数的规定。贷款成数一般最高不得超过住宅价值的 60%、70% 等。抵押房地产价值通常采用抵押房地产的评估价，由具有相应资质的房地产估价机构评估确定。

（2）偿还比率

偿还比率也称为还贷收入比，是借款人的分期还款额占其同期收入的比率。在个人住房贷款中，是指借款人的月房产支出占其同期收入的比率。目前大多数银行都对个人住房抵押贷款规定了最高偿还比率，根据银监会规定，应将房产支出与收入比控制在 50% 以下（含 50%）。即给予借款人的最高贷款金额不使其分期偿还额超过其家庭同期收入的 50%。

（3）贷款额度

贷款额度是指借款人可以向贷款人借款的限额。在个人住房贷款中，贷款的数额应为所购住房总价减去首付款后的余额。但在实际中，贷款人一般会用不同的指标，对借款人的贷款金额做出限制性规定，例如：

1）贷款金额不得超过某一最高金额。

2）贷款金额不得超过按照最高贷款成数计算出的金额。

3）贷款金额不得超过按照最高偿还比率计算出的金额。

当借款人的申请金额不得超过以上所有限额的，以申请金额作为贷款金额；当申请金额超过以上任一限额的，以其中的最低限额作为贷款金额。

4.贷款利率和贷款期限

（1）贷款利率

贷款利率是指借款期限内利息数额与本金金额的比例，其计算公式为贷款利息 = 贷款金额 × 贷款利率 × 贷款期限 = 贷款金额 × 天数 × 日利率 = 贷款金额 × 月数 × 月利率 = 贷款金额 × 年 × 年利率。我国的利率由中国人民银行统一管理，银行贷款利率参照中国人民银行制定的基准利率，实际合同利率可在基准利率基础上下一定范围内浮动。

根据中国人民银行的规定，贷款期间如遇国家调整利率，贷款期限在一年以内（含一年）的，实行合同利率，不分段计算。贷款期限在一年以上的，如遇法定利率调整，则应于次年 1 月 1 日起。按当日相应的人民银行贷款利率进行调整并以此确定新的月供额。

（2）贷款期限

贷款期限是指借款人应还清全部贷款本息的期限。贷款期限由贷款人和借款人根据实际情况商定，但一般有最长贷款期限的规定，如个人住房贷款期限最长为 30 年。此外，贷款人还可能根据所购住房的房龄、借款人的年龄等，对贷款期限做出限制。房龄越长，贷款期限会越短；借款人年龄越大，贷款期限会越短。

比如住房公积金贷款对于贷款期限的要求：

1）一手房贷款期限不得超过 30 年。二手房贷款期限不得超过 20 年，贷款期限与楼龄之和不得超过 40 年。

2）借款人年龄与贷款期限之和不超过退休年龄后 5 年。退休年龄一般按照男性 60 岁，女性 55 岁计算。

3）两人或两人以上购买同一住房申请住房公积金贷款的，以贷款期限最长的计算。

5. 个人住房贷款申请条件

（1）住房商业性贷款

申请住房商业性贷款一般需要符合以下的条件：

1）具有完全民事行为能力的自然人，即年满 18 周岁的公民。

2）具有城镇常住户口或有效居留身份证明。

3）有稳定的职业或收入，信用良好，有偿还贷款本息的能力。

4）具有购买住房的合同、意向书或协议。

5）以不低于所购住房全部价款的一定比例作为购房的首期付款。

6）贷款银行规定的其他条件。

（2）住房公积金贷款

申请住房公积金贷款一般需要符合以下的条件：

1）满足一定年限的缴存时间。

2）已签订购房合同并按规定支付购房首期房款。

3）具有稳定的收入来源和偿还本息的能力等。

6. 个人住房贷款流程

（1）贷款申请

借款人要申请个人住房贷款，首先需要提出贷款申请。

（2）贷款审批

贷款人收到借款人的资料后，一般会通过以下几个方面来判断借款人的偿债能力：

1）通过对借款人的年龄、学历、工作年限、职业、在职年限等信息判断借款人目前收入的合理性及未来发展前景。

2）通过借款人的收入水平、财务状况、负债情况判断其偿还贷款的能力。

3）通过借款人以往的贷款记录，了解其信用情况。

4）通过对借款人的所在单位、税务部门、工商管理部门调查，审核贷款申请的真实性及借款人的信用情况。

（3）签订借款合同

对通过贷款审批的，借款人将与贷款人签订相关合同如借款合同、抵押合同等。借款合同包括借款种类、币种、用途、数额、利率、期限和还款方式等条款。

（4）抵押登记

到所购住宅所在地的不动产登记机构办理抵押登记，银行取得不动产登记证明。

（5）贷款发放

贷款银行向购房者发放贷款，通常按贷款合同的约定直接汇入房地产开发企业在贷款银行开立的售房账户或售房者账户。

（6）还款

借款人在贷款银行开设还款账户，按期向该账户还款付息，直至结清全部贷款本息。贷款到期日前，借款人如果提前偿还贷款，应按合同约定向贷款银行提出申请。

（7）结清贷款

贷款结清后，借款人从贷款银行领取"贷款结清证明"，取回产权证等抵押登记证明文件，到原抵押登记部门办理抵押登记涂销手续。

7. 还款方式

常见的还款方式有等额本息还款法（等额法）和等额本金还款法（递减法）。

（1）等额本息还款法

等额本息还款法又称等额还款法，是指按月等额归还贷款本息。等额本息还款法的计算公式如下：

每月供款额＝【月利率×（1+月利率）供款总期数】÷【（1+月利率）供款总期数–1】×贷款金额。

采用此还款方式，在整个还款期的每个月，还款额将保持不变（遇调整利率除外），在还款初期，利息占每月还款总额的大部分。随着时间的推移，还款额中利息的比重将不断减少，而随着本金的逐渐摊还，还款额中本金比重将不断增加，此种还款方式的优点在于借款人可以准确掌握每月的还款额，有计划地安排家庭的收支。适用于收入稳定的个人或家庭。

（2）等额本金还款法

等额本金还款法又称为递减还款法，是指按月平均归还借款本金，借款利息逐月结算还清。等额本金还款法的计算方式如下：

每月供款额＝贷款金额/供款总期数+（贷款本金–已还本金）×月利率。

等额本金还款法的特点是本金在整个还款期内平均分摊，利息则按贷款本金余额逐日计算，每月还款额在逐渐减少，但偿还本金的速度是保持不变的，较适合于还款初期还款能力较强、并希望在还款初期归还较大款项来减少利息支出的借款人。

8.提前还款

提前还款是借款人在约定的全部贷款到期日前将全部或部分贷款余额归还给贷款人的行为。

提前还款包括提前全部还款、提前部分还款且贷款期限不变、提前部分还款的同时缩短贷款期限三种情况。贷款银行只能受理自发放个人贷款第二个还款月起借款人提前还款的申请。

为了省利息，有些贷款者会选择提前还贷，以缩短贷款期限，但以下四种情况提前还贷划算：

（1）使用等额本息还款法，且已进入还款阶段中期的贷款者

等额本息在还款期的初期，月供中利息占据了较大的比例，所还的本金较少，而提前还款是通过减少本金来减少利息支出，因此在还款期的初期进行提前还款，可以有效地减少利息的支出。如果在还款期的中期之后提前还款，那么所偿还的其实更多的是本金，实际能够节省的利息很有限。

（2）使用等额本金还款法，且还款期已经达到四分之一的贷款者

等额本金还款法如果还款期已经达到四分之一，在月供的构成中，本金开始多于利息，如果这个时候进行提前还款，那么所偿还的部分其实更多的是本金，这样就不利于有效地节省利息。如果是进入还款期后期，那么更没有必要用一笔较大数额的资金进行提前还款了。

（3）资金运作能力强，有更好投资理财渠道的贷款者

把流动资金用于提前还款，节省利息，回报率相当于贷款利率。如果贷款者的资金只是在银行存着，近期内都不会使用，回报率就相当于存、贷利差，这种情况下把资金用于提前还款比较合适。而

如果贷款者的资金有更好的投资理财渠道，或者资金运作能力比较强，可以获得更高的回报率，只要资金所产生的收益高于提前还款所节省的利息，那么，从发挥流动资金的效用看，这部分贷款者就没有必要把资金用于提前还款。

9. 加按揭和转按揭

（1）加按揭

加按揭是指已办理按揭贷款的借款人，因为尚未达到最高贷款金额或最长贷款期限而向银行申请增加贷款金额或延长贷款期限，或者当还款达到一定额度后，将原来按揭购买的房产作为抵押，获得新的贷款，用于购买新的住房及家居消费的一种贷款形式。

（2）转按揭

转按揭就是个人住房转按揭贷款，是指借款人在银行办理住房按揭贷款后还清贷款前，向银行要求将用于抵押的所购房产出售或转让给第三人，由第三人向银行申请购房贷款支付给原购房者，而原购房者以此笔款项偿还其按揭贷款，第三人仍以所购房产作为新贷款的担保。

10. 接力贷

对于刚参加工作的年轻人想贷款买房，但收入少，而拥有一定积蓄的父母却因为年龄的关系，贷款年限无法达到最长的情况，可以采取以年龄较小的亲友作为共同借款人的方式。

假设父亲年龄已经 50 岁，孩子年龄 20 岁，双方可以作为共同借款人向银行贷款，贷款最长年限可以根据孩子的年龄计算，以接力贷方式来贷款。年龄 40 岁以上的购房者以及刚参加工作、收入暂时不高、还款压力较大的年轻人可以考虑此种贷款。

8.3 房地产保险

1. 房地产保险概念

房地产虽然风险较少，但并不是毫无风险，因自然灾害和意外事故造成房屋毁损的可能性随时都存在，为了尽量规避风险、减少经济损失，购买房地产保险就很有必要。所谓房地产保险，主要是指以房屋设计、营建、销售、消费和服务等环节中的房屋及其相关利益与责任为保险标的的保险。

2. 房地产保险类型

房地产保险主要有以下三种类型：

（1）房地产财产保险

房地产财产保险属于财产保险的一种，投保人可以是团体、法人、自然人等，与居民有关的主要是商品住宅保险和自购公有住房保险。

商品住宅保险是为购买商品住宅的人提供的使其在所购住宅遇到意外损失时能及时得到经济补偿的险种。自购公房保险是对居民因房改而购买原租住的公房的险种。两种险种的责任相同，都是对因自然灾害而造成的保险财产的损失进行赔偿。所保的财产只能是房屋及其附属设备和室内装修材料等财产。保险期一般为一年，可续保。

（2）房地产责任保险

房地产责任保险主要强调房屋所有人、出租人和承租人的责任保险，一般称为房地产公众责任保险。它主要承保在房屋使用过程中产生的赔偿责任。

（3）房地产人身保险

房地产人身保险主要指房屋被保险人遭受因房屋造成的意外伤害而死亡或永久致残，由保险人支付保险金额的险种。

3. 房屋按揭保险及其类型

通过按揭方式买房，购房者须在签订借款合同之前办理抵押房屋财产保险。目前主要的按揭保险种类有抵押物财产保险、贷款信用保险、购房贷款综合保险等。

（1）抵押物财产保险

抵押物财产保险是针对所购房产安全的财产险，当抵押房产遭受意外事故（如火灾、爆炸）或自然灾害（暴雨、洪水、地震）毁损时，由保险公司负责赔偿。

（2）贷款信用保险

贷款信用保险是针对购房者在保险期内因疾病、意外事故造成死亡、残疾而无法偿还购房贷款，或因失业一定时间以上，以致无力继续还贷时，由保险公司代其向贷款银行清偿尚欠贷款本息。赔偿额度会因购房者的受伤程度有所不同，如果购房者死亡，保险公司负责清偿全部贷款本息，如果购房者因伤致残，则保险公司会选择适当比例做出补偿。

（3）购房贷款综合保险

购房贷款综合保险是将抵押物财产保险与贷款信用保险合二为一的综合保险形式。该险种在保障抵押房产遭受意外或自然灾害毁损的风险的同时，保障即使购房者遭受人身意外或因失业等丧失供房能力，所见贷款仍可得以清偿。可见这一险种比以往的房屋险多了一重保障。而且保险的费用基本一致。只是有些保险公司对投保该险种有一些限制条件，比如购房者的年龄、贷款的额度等。

第 9 章　房地产价格

9.1　常见房地产价格类型

1. 房地产价格概念

房地产价格是取得他人的房地产所必须付出的代价，通常用货币来表示，但也可以用实物等非货币形式来偿付，如以房地产作价出资入股等。房地产价格会有波动，受供求因素的影响，随着时间而变化，与区位密切相关，实质上是权益的价格。

房地产价格可以分为总价格、单位价格、网签价格、贷款评估价格、买卖价格、租赁价格等类型。

2. 总价格、单位价格和楼面地价

（1）总价格

总价格简称总价，是指一宗房地产的整体价格。它可能是一块面积为 500m² 的土地价格，一套面积为 200m² 的高级公寓的价格，或一片 1000m² 的土地的价格，也可能是一个地区范围内的全部房地产的价格，或者是一国全部房地产的价格。房地产的总价格一般不能说明房地产价格水平的高低。

（2）单位价格

单位价格简称单价。对土地的单位价格来说，是指单位土地面积的土地价格；对建筑物的单位价格来说，是指单位建筑物面积的建筑物价格；对房地的单位价格来说，是指单位建筑物面积的房地价格。房地产的单位价格可以反映房地产价格水平的高低。以土地为例，土地单位价格 = 土地总价格 / 土地总面积。

（3）楼面地价

楼面地价又称单位建筑面积地价，是平均到每单位建筑面积上

的土地价格。楼面地价往往比土地单价更能说明土地价格水平的高低。楼面地价与土地总价格的关系为：楼面地价 = 土地总价格 / 建筑总面积。

由此公式可以得出楼面地价、土地单价、容积率三者之间的关系，即楼面地价 = 土地单价 / 容积率。

3. 现房价格和期房价格

（1）现房价格

现房价格是指以已竣工的房屋及其占用范围内的土地为标的的房地产价格。

（2）期房价格

期房价格是指以目前尚未竣工而在将来竣工后的房屋及其占用范围内的土地为交易标的的房地产价格。

在期房和现房品质相同的情况下，期房价格低于现房价格，因为买期房在期房成为现房期间没有租金收入，并存在风险，如可能不能按期交房，或者实际交付的品质比预售时约定的差。

4. 均价、起价和基价

（1）均价

均价是指将各单元的销售价格相加之后的和数除以单元建筑面积的和数，即得出每平方米的均价。

（2）起价

起价通常是最差位置的楼幢和最差的户型、朝向、楼层的商品房的价格，是在广告宣传中为了吸引人们对所销售商品房的关注而设定的一种价格，起价通常不能反映所销售商品房的真实价格水平。

（3）基价

基价也叫基础价，是指经过核算而确定的每平方米商品房的基本价格。商品房的销售价一般以基价为基数增减楼层、朝向差价后而得出。

5. 标价、成交价和市场价

（1）标价

标价也称为卖方报价、挂牌价、表格价也是新建商品房销售者在"价目表"上所标出的不同楼幢、户型、朝向、楼层的商品房的出售价格，即卖方要价，通常会高于成交价。

（2）成交价

成交价指成功的交易中买方支付和卖方接受的金额，是买卖双方的实际交易价格，通常随着交易者对交易对象和市场行情的了解程度，出售或购买的动机或急迫程度，交易双方之间的关系、议价能力和技巧，卖方的价格策略等的不同而有所不同。

（3）市场价

市场价是指某种房地产在市场上的平均交易价格，一般以一些类似房地产的成交价格为基础测算，但不能对这些成交价格直接采用平均的方法进行计算，而是在平均之前剔除偶然的和不正常的因素造成的价格偏差，并消除房地产之间的状况不同造成的价格差异。

6. 网签价、贷款评估价和计税指导价

（1）网签价

网签价也称网签备案价，是指在房管局系统里体现的成交价格，是网签合同上约定的价格。

网签是新房和二手房交易中都要经历的一个环节，经历过网签环节的房屋交易，是在房地产管理部门监管下进行的防止房屋一房二卖风险的一重保障。

（2）贷款评估价

贷款评估价是指向银行办理房屋抵押贷款时，委托房地产评估机构对拟交易房屋进行评估的价格。考虑到资金的安全性，贷款评估价往往会低于实际成交价，并且与房龄、房屋的建筑结构等因素密切相关。一般房屋年代越久远，贷款评估价会越低；在其他因素相同的情况下，房屋建筑结构为钢混的贷款评估价高于砖混。

（3）计税指导价

计税指导价是税务机关参考市价、评估价等诸多因素给出的房屋计税底价。影响房屋最低计税指导价的因素，除了房屋所在区域周边房价外，还有房屋性质、所在区域、房型、楼层、建筑年代等，也会进行动态调整。

7. 买卖价格和租赁价格

（1）买卖价格

买卖价格是指以买卖方式支付或收取的实物或其他有价物的货币额，简称买卖价或买价、卖价。

（2）租赁价格

租赁价格常称租金，在土地场合称地租，在房地混合场合俗称房租，是房屋所有权人或土地使用权人作为出租人将其房地产出租给承租人使用，由承租人向出租人支付或出租人向承租人收取的金额。

8.市场调节价、政府指导价和政府定价

（1）市场调节价

市场调节价是指由经营者自主制定，通过市场竞争形成的价格。存量房的价格和租金一般实行市场调节价。

（2）政府指导价

政府指导价是指由政府价格主管部门或者其他有关部门，按照定价权限和范围规定基准价及其浮动幅度，指导经营者制定的价格。

（3）政府定价

政府定价是指由政府价格主管部门或者其他有关部门，按照定价权限和范围制定的价格。

9.补地价

补地价是指在更改政府原出让土地使用权时规定的用途，或增加容积率，或转让、出租、抵押划拨土地使用权，或出让的土地使用权续期等时需要交给政府的一笔地价。

对于改变用途来说，补地价的数额通常等于改变用途后与改变用途前地价的差额，即补地价＝改变用途后的地价－改变用途前的地价。

对于增加容积率来说，补地价的数额可用下列公式计算：补地价＝〔（增加后的容积率-原容积率）/原容积率〕×原容积率下的地价。

实际中的补地价数额取决于政府的决策。例如，已购公有住房的建设用地使用权一般属于划拨性质，其上市出售从理论上讲应缴纳较高的出让金等费用，但政府为了促进房地产市场发展和存量住房流通，满足居民改善居住条件的需要，对已购公有住房上市出售

只收取较低的出让金等费用。

9.2　房地产价格影响因素

1. 房地产市场供求

供给和需求是形成价格的两个最终因素。其他一切因素，要么通过影响供给，要么通过影响需求来影响价格。房屋的价格也是由供给和需求决定的，与需求成正相关，与供给成负相关。供给一定，需求增加，则价格上升；需求减少，则价格下跌。需求一定，供给增加，则价格下跌；供给减少，则价格上升。

2. 人口因素

人口因素对房地产价格的影响，具体可分为人口数量、人口素质、家庭规模三个方面。

（1）人口数量

人口数量主要通过影响房地产的需求来影响房地产的价格。一般而言，人口高密度地区，房地产求多于供，供给相对匮乏，因而价格趋高。

（2）人口素质

如果一个地区中的居民素质低，组成复杂，秩序欠佳，人们多不愿在此居住，房地产价格必然低落。

（3）家庭规模

家庭规模是指全社会或某一地区的家庭平均人口数。一般而言，随着家庭规模小型化，即家庭平均人口数的下降，家庭数量增多，所需的住宅总量增加，住宅价格有上涨的趋势。

3. 经济因素

经济因素对房地产价格的影响，具体可分为经济发展、居民收入、物价、利率和汇率等。

（1）经济发展

经济发展预示着投资、生产活动活跃，对厂房、办公室、商场、住宅和各种文娱设施等的需求增加，引起房地产价格上涨。

（2）居民收入

通常居民收入的真正增加显示人们的生活水平将随之提高，从而促使其对房地产的需求增多，促使房地产价格上涨。如果居民收入的增加是收入中、低等水平者的收入增加，对居住房地产的需求增加，促使居住房地产的价格上涨。如果居民收入的增加是高收入水平者的收入增加，对房地产价格的影响不大。不过，如果利用剩余的收入从事房地产投资（尤其是投机），则必然会引起房地产价格变动。

（3）物价

通常物价普遍波动，房地产价格也将随之变动；如果其他条件不变，则物价变动的百分比相当于房地产价格变动的百分比，而两者的动向也应一致。

从一段较长时期来看，房地产价格的上涨率要高于一般物价的上涨率和国民收入的增长率。

（4）利率

从房地产供给的角度看，利率上升或下降会增加或降低房地产开发的融资成本，从而会使房地产开发成本上升或下降，进而会使房地产价格上升或下降。

从房地产需求的角度看，由于购买房地产特别是购买住宅普遍需要贷款，所以利率的上升或下降会加重或减轻房地产购买者的贷款偿还负担，从而会减少或增加房地产需求，进而导致房地产价格下降或上涨。

从综合效应看，利率升降对房地产需求的影响大于对房地产供给的影响，从而房地产价格与利率负相关：利率上升，房地产价格会下降；利率下降，房地产价格会上涨。

（5）汇率

在国际房地产投资中，汇率波动会影响房地产投资收益，从而会影响房地产价格。如果投资房地产所在国的货币出现了升值，那么即使房地产在当地市场没有升值，但相对于国际交易也会获得较好的房地产投资收益。因此，当预知某国的货币未来会升值时，就会吸引国外资金购买该国房地产，从而会导致其房地产价格上涨。

4. 行政因素

行政因素对房地产价格的影响，具体分为房地产制度、房地产价格政策、城市发展战略、城市规划、土地利用规划、税收政策等。

（1）**房地产制度**

实行低租金、福利制会造成房地产价格低落。

（2）**房地产价格政策**

房地产价格政策有两类：一类是高价格政策；另一类是低价格政策。所谓高价格政策，一般是指政府对房地产价格放任不管，或有意通过某些措施抬高房地产的价格；低价格政策，一般是指政府采取种种措施抑制房地产价格上涨。因此，高价格政策促进房地产价格上涨，低价格政策造成房地产价格下落。

（3）城市发展战略、城市规划、土地利用规划

在城市规划上，当对某一区域进行更新改造，加大基础设施、商业配套、教育医疗等方面的建设，改善了该区域的宜居性，将会促使房地产价格上涨。

（4）税收政策

直接或间接地对房地产课税，实际上是减少了利用房地产的收益，可能短时间内会由于出售者或出租者成本转嫁意愿而造成房地产价格上涨，而长时间则由于总体购买者和承租者承接能力和意愿的下降而造成实际上房地产价格的走低。

5.区域因素

区域因素对房地产价格的影响，具体可分为交通、外部配套设施、周边环境等。

（1）交通

交通出行的便捷、时耗和成本如何，直接影响房地产价格。如新建道路、通公共汽车、建地铁或轻轨，可以改善沿线地区特别是站点周边地区的交通条件，一般会使这些地区的房地产价格上涨。但如果离道路或站点过近，尤其是住宅，由于人流增加带来的喧闹声以及交通工具运行时产生的噪声和空气污染等，也有一定的负面影响。

（2）外部配套设施

一般来说，外部配套设施完备，特别是周边有教育质量高的中小学、医疗水平高的医院以及有购物中心、休闲娱乐场所的住宅，其价格就高；反之，其价格较低。

（3）周边环境

影响房地产价格的周围环境因素主要有大气环境、水文环境、

声觉环境、视觉环境、卫生环境和人文环境。如靠近垃圾站等可能造成空气污染的房地产，以及周边噪声大的房地产，价格通常较低；而临近公园、绿化较好的地段的房地产价格相对较高。

6. 自身条件因素

自身条件因素对房地产价格的影响，具体包括房屋的面积、用途、户型、楼层、朝向、房屋类型、设施设备、装饰装修、新旧程度、权利性质等。一般设备配备齐全、装饰装修档次较好、房龄较新、房屋权利无瑕疵的房屋价格相对较高。楼层对房地产价格的影响，则结合总楼层数及有无电梯来考虑，没有电梯的传统多层住宅，中层楼层最优，顶层最劣。

7. 心理因素

心理因素对房地产价格的影响，具体包括购买或出售时的心态、个人偏好、时尚风气、接近名家住宅心理、讲究门牌号码，楼层数字或土地号数、讲究风水、价值观的变化等。

比如有些人在购买住宅、办公楼时，比较讲究门牌号码、楼层数字，而对于认为好的门牌号码、楼层数字，通常愿意出较高的价格购买。

9.3　房地产价格评估方法

1. 市场比较法

市场比较法也称为比较法、市场法、交易实例比较法，是指以周边市场同类型物业做参考，定出一个合适价格。这是市场上使用最多也最符合市场行为规则的定价方法，通过自身物业的相关指标（如绿化、小区配套、朝向、户型设计等），与周边相关物业指标进行对比，得出双方在物业的优劣比较，再相应定出一个价格。

（1）适用范围

市场比较法适用于同类数量较多、有较多交易且具有一定可比性的房地产，例如：

1）住宅，包括普通住宅、高档公寓、别墅等。特别是数量较多、可比性较好的成套住宅最适用比较法估价。

2）写字楼。

3）商铺。

4）标准厂房。

5）房地产开发用地。

下列房地产难以采用比较法估价：

1）数量很少的房地产，如特殊厂房、机场、码头等。

2）很少发生交易的房地产，如学校、医院、行政办公楼等。

3）可比性较差的房地产，如在建工程等。

（2）估价步骤

1）交易实例搜集。交易实例是指真实成交的房地产等财产或相关权益及有关信息，主要包括：

①房地产基本状况，如名称、坐落、规模（如面积）、用途、权属以及建筑物竣工日期（或建成年份、建成年代）、周边环境等。

②交易双方基本情况，如卖方和买方的名称及之间的关系等。

③成交日期。

④成交价格，包括总价、单价及计价方式（是按建筑面积计价还是按套内建筑面积、使用面积计价）。

⑤付款方式，例如是一次性付款还是分期付款（包括付款期限、每期付款额或付款比例）、贷款方式付款（包括首付款比例、贷款期限、贷款利率等）。

⑥交易税费负担，如买卖双方是依照规定或按照当地习惯各自缴纳自己应缴纳的税费，还是全部税费由买方负担或卖方负担等。

2）可比实例选取。从搜集的交易实例中选取符合一定条件的交易实例作为可比实例。可比实例房地产应与估价对象房地产相似、交易方式应适合估价目的、成交日期应尽量接近价值时点、成交价格应尽量为正常价格、选取数量一般3至5个。

3）比较基础建立。选取了可比实例后，一般应先对这些可比实例的成交价格进行换算处理，使它们之间的口径一致、相互可比，为后续对可比实例成交价格进行修正和调整建立一个共同的基础，包括统一付款方式、统一税费负担及统一计价单位等。

4）交易情况修正。可比实例的成交价格是实际发生的，它们可能是正常的，也可能是不正常的（比如利害关系人之间的交易、人为哄抬价格的交易等）。由于要求评估的估价对象价格是合理的，所以可比实例的成交价格如果是不正常的，则应将其修正为正常的。这种对可比实例成交价格进行的修正，称为交易情况修正。

5）市场状况调整。可比实例的成交价格是在其成交日期的价格，是在其成交日期的房地产市场状况下形成的。而需要评估的估价对象价格是在价值时点的价格，应是在价值时点的房地产市场状况下形成的。

这种对可比实例成交价格进行的调整，称为市场状况调整，也称为交易日期调整。

6）房地产状况调整。如果可比实例房地产与估价对象房地产之间有所不同，则还应对可比实例的成交价格进行房地产状况调整，因为房地产自身状况的好坏还关系到其价格高低。进行房地产状况调整，是将可比实例在自身状况下的价格，调整为在估价对象状况下的价格。

7）比较价格计算。经过交易情况、市场状况、房地产状况三方面的修正或调整，就把可比实例的成交价格变成了估价对象的价格。但通过不同的可比实例所得到的价格一般是不同的，最后需要采用简单算术平均、加权算术平均等方法把他们综合成一个价格，即测算出了估价对象的价格。

2. 收益法

收益法也称为权益还原法、收益资本化法，是指根据待估房地产的收益返算其价值，其价格的高低主要取决于未来净收益的大小、获取净收益期限的长短、获取净收益的可靠程度等。

（1）适用范围

收益法适用于有收益或有潜在收益的房地产，如住宅（特别是公寓）、写字楼、商铺、宾馆、停车场等。

（2）估价步骤

1）估计收益期或持有期。

2）预测未来收益。

3）确定报酬率或资本化率。

4）计算收益价格。

3. 成本法

成本法是指对现有的房屋按照正常市场标准下的重新建造房屋所需成本的测算，然后考虑资金的利息并计取一定的开发或建设利润得出房地产价格。

（1）适用范围

成本法适用于很少发生交易而限制了市场比较法运用，又没有经济收益或没有潜在经济收益而限制了收益法运用的房地产估价。

（2）估价步骤

1）测算重置成本或重建成本。

2）测算折旧。

3）计算成本价格（房地产价格 = 土地取得成本 + 建设成本 + 管理费用 + 销售费用 + 投资利息 + 销售税费 + 开发利润 − 建筑物折旧）。

4. 其他常见方法

（1）长期趋势法

长期趋势法是指根据房地产价格在过去和现在较长时期内形成的变动规律作出判断，借助历史统计资料和现实调查资料来推测未来，通过对这些资料的统计、分析得出一定的变动规律，并假定其过去形成的趋势在未来继续存在，而推测未来的房地产价格。

（2）理解值定价法

理解值也称"感受价值"或"认识价值"，是消费者对于商品的一种价值观念，是消费者对商品的质量、用途、款式以及服务质量的评估。理解值定价法认为决定商品价格的关键因素是消费者对商品价值的认识水平，而非卖方的成本。房地产企业在运用理解值定价法定价时，首先要估计和测量在营销组合中的非价格因素变量在消费者心目中建立起来的认识价值，然后按消费者的可接受程度来确定楼盘的售价。

（3）区分需求定价法

区分需求定价法又称差别定价法，是指某一产品可根据不同需求强度、不同购买力，不同购买地点和不同购买时间等因素，采取不同的售价。对于房地产来说，同一种标准、同一种规格、同一种外部环境的商品房，可以根据楼层数的相应变化而使销售价相应变化。区分需求定价法的主要形式有：以消费群体的差异为基础的差别定价，以数量差异为基础的差别定价，以产品外观、式样、花色等差异为基础的差别定价，以地域差异或时间差异为基础的差别定价等。

9.4　房地产价格策略

1. 房地产定价策略

房地产定价策略是指房地产企业针对项目的特性来制定合理的产品定价方案，从而实现销售目标，获取企业最大利润。

（1）价格折扣与折让策略

1）现金折扣。购买者如能及时付现或提早付现，公司则给予现金折扣。房地产销售中，一次性付款可以给予优惠就是这种策略的具体表现。这种策略可增加买方在付款方式上选择的灵活性，同时卖方可降低发生呆账的风险。

2）数量折扣。顾客大量购买时，则予以价格上的优待。这是公司薄利多销原则的体现，可以缩短销售周期，降低投资利息和经营成本，及早收回投资。

（2）单一价格与变动价格策略

单一价格即不二价，无论谁来购买都是同样价格。若有折扣、优惠、赠品，则对每一顾客皆一视同仁。

变动价格则对每一顾客的成交价皆有所差异。这主要来自买卖双方的讨价还价，或者买方与卖方的特殊关系造成。房屋价格能达到不二价的公司很少，一般几乎都是"变动价格"，尽管有时这种变动从单位价格来看可能并不高，但从总价来看，情况就不一样了。

（3）"特价品"定价策略

使少数产品以非常廉价的姿态出现，来吸引消费者购买。所谓"特价品"在房屋营销中往往只有一户或少数几户，即所谓"广告户"，如广告中常见的所谓"起价"。

（4）心理定价策略

传统的心理定价策略亦称奇数定价，现代心理定价还有其他一些新的表现，如吉祥数字、吉祥门牌号定价策略，像 9998 元 $/m^2$ 这类定价。

（5）非价格竞争策略

如在相邻同档次的项目中，一方不通过价格调整，而通过提供比竞争者更优惠的其他条件来竞争的情况，如提供良好的后期物业管理、较低的物业管理费等来吸引顾客。

2. 开盘价格策略

开盘定价是房地产开发企业日后进行价格修正的基准，其一般会采用低价开盘或高价开盘的价格策略。

（1）低价开盘

低价开盘是指楼盘在第一次面对购房者时，以低于市场行情的价格公开销售。对于以下类型的项目，房地产开发企业一般会选择低价开盘：

1）产品的综合性能不强。

2）项目开发体量相对较大。

3）市场竞争激烈，类似产品多。

（2）高价开盘

高价开盘是指楼盘第一次面对购房者时，以高于市场行情的价格公开销售。对于以下类型的项目，房地产开发企业一般会选择高价开盘：

1）具有别人所没有的明显楼盘卖点，拥有在产品或服务方面的特异之处，并且容易为客户所接受。

2）产品的综合性能上佳。

3）体量适合，公司信誉好，市场需求旺盛。

3. 房地产调价策略

房地产调价策略是指房地产企业在产品营销过程中，基于市场情况的变化以及企业自身目标的调整，从而制定合理的房地产价格调整方案。

第10章 房地产市场营销

10.1 市场营销

1.市场、营销和市场营销

（1）市场

市场是指具有特定需要和欲望，而且愿意并能够通过交换来满足这种需要或欲望的全部潜在顾客。市场的三要素是人口（即消费者）、购买力（即消费能力）和购买动机（即消费者的需要）。

（2）营销

营销是指个人和集体通过创造提供、出售并同别人交换产品和价值以获得其所需所欲之物的过程。营销不创造需要，但可发现和影响需要；营销能影响人们的欲望。

（3）市场营销

市场营销是以顾客为导向，以"顾客需要什么"为核心问题，以市场调研和预测为基础的产品开发、设计、施工、销售、服务等活动。

房地产市场营销是促进房地产产品从房地产开发企业到业主或使用人转移的实现过程，是贯穿于市场调查、产品定位、建设开发、价格制订、渠道选择和销售促进的一系列活动。

2.营销组合和整合营销

（1）营销组合

营销组合是指企业为了在目标市场制造它想要的反应而组合采用的一组可控制的战术营销手段。现代营销的核心理论是以产品、价格、渠道和促销为内容的组合与管理，即4P营销策略。

（2）整合营销

整合营销是营销组合的升级和发展，是指整合所有可利用的资源开展销售工作，是对各种营销工具和手段的系统化整合，并根据环境的变化进行即时性的动态修改。

房地产整合营销就是围绕项目租售这一核心目的，除了通过广告促销、活动促销、现场包装、人员销售、价格定位、优惠促销、销售执行和销售服务等营销手段外，还要不断地对房地产市场进行调查和分析，并根据市场的需求和竞争态势对项目进行定位和产品修改，最终实现项目成功租售的目的。

3. 关系营销、区别营销和差异化营销

（1）关系营销

关系营销是指企业与消费者、代理商和供应商建立一种长期、信任、互惠的关系，而为了要做到这一点，企业必须向这些个人和组织承诺和提供优质的产品、良好的服务以及适当的价格，从而与这些个人和组织建立和保持一种长期的经济、技术和社会的关系纽带。

（2）区别营销

区别营销是指公司根据不同顾客、品牌特点，利用差异化策略，抓住一部分高利润消费者，与他们建立更多的信赖和忠诚，销售一小部分高利润消费者的产品。

（3）差异化营销

差异化营销是指企业根据市场细分原则，通过差异分析方法对总体市场环境和个体市场环境的分析和比较，找出对自己企业最有利的差别利益。

形象差异化即企业实施通常所说的品牌战略和CI战略而产生的差异，是广告和包装推广的结果。

市场差异化是指由产品的销售条件、销售环境等具体的市场操

作因素而生成的差异，大体包括销售价格差异、售后服务差异等。

10.2　房地产市场调查与细分

1. 房地产市场调查概念

房地产市场调查是以房地产为特定的商品对象，对相关的市场信息进行系统地收集、整理、记录和分析，进而对房地产市场进行研究与预测，为决策者了解房地产市场的变动趋势，制定公司营业计划，拟订经营策略提供参考与建议。

房地产市场调查的主要内容包括政治法律环境、区域经济环境、楼盘周边环境与配套、房地产市场需求和消费行为、房地产市场现有产品、房地产价格、房地产促销媒体与效果、房地产营销渠道、房地产竞争对手情况等。

2. 房地产市场调查资料获取途径

房地产市场调查资料的获取途径主要有以下八种：

（1）交易双方

访问市场上曾经发生交易行为的买方或卖方，应着重查访成交标的物的位置、面积、交易价格、交易当时的状况和其他条件等。

（2）房地产代理商

房地产代理商不但参与许多交易行为，且对于地方市场具有相当程度的了解，经常提供资料给买卖双方参考，以促进交易成功。

（3）各种销售或出租广告

房地产公司公开推出销售或出租单元之前都会预先做好市场调查工作，因此其在报刊、售楼书、邮寄广告等各类广告中公开推出的销售或出租的报价具有很大的参考价值。

（4）房地产专业人士

如房地产估价师，可向其探询交易资料作为再进一步查证的依据。

（5）同业间资料

房地产同业间若能秉持合作的态度，用经过整理分析的二手资料进行交流，则大有裨益。

（6）准交易资料

准交易资料是交易双方拟出售（购买）房地产的单方面意愿的报价资料，凡处于未成为供、需双方一致意愿阶段的资料都称为"准交易资料"。地方市场上的准交易资料具有及时反映市场行情的功能，因为准交易行为者拟定价格必须预先到该地方市场了解交易情况，参考当时的成交价格后才能初步决定价格。

（7）房地产交易展示会、展览会

了解各类信息、行情、索取有关资料。

（8）各类二手资料

主要有政府各类统计资料中有关房地产的数据和分析材料；与房地产业相关的银行、消费者协会、咨询机构以及新闻媒体所提供的资料；来自上级主管部门和行业管理机构、行业协调机构的资料；一些专业和非专业研究机构提供的相关资料，以及来自本企业各部门的数据材料。

3.市场细分及细分依据

市场细分是指企业根据市场调查所得出的结论，将消费者市场以不同的需求分类，划分为若干子市场的过程。

（1）地理细分：按照消费者所在的地理位置划分。

（2）人口细分：按照人口变量，包括年龄、性别、收入、职业、教育水平、家庭规模、家庭生命阶段、宗教、种族、国籍等因素划分。

（3）心理细分：按照消费者的生活方式（活动、兴趣、意见）和个性划分。

（4）行为细分：按照消费者购买或使用某种产品的时机、所追求的利益、使用者情况、对某种产品的使用率、对某种品牌的忠诚度、消费者待购阶段和对产品的态度等行为变量来细分消费者市场。

10.3　房地产项目定位

1. 房地产项目定位及其考虑因素

房地产项目定位是指从各个方面去界定房地产开发企业将要在土地上营造的产品以及提供的服务。在市场营销学中，项目定位往往指的是市场定位，也就是目标客户群定位，除了目标客户群定位以外，项目定位还包括开发类型定位、主题定位、案名定位、形象定位、功能定位、产品定位、价格定位和品牌定位等。

在对房地产项目进行定位时，主要考虑以下几个因素：

1）房地产开发企业自身现金流的测算和把握。

2）土地自身条件，地块自然条件的综合利用是项目物业增值的前提。

3）预期销售速度。

4）客户群体需求特征。

5）客户群体对户型的需求和房屋总价格。

6）企业自身擅长的开发类型。

7）企业要求的利润和品牌。

2. 开发类型定位

常见的房地产开发类型主要包括普通住宅、别墅、写字楼、公寓、商场、专业市场、购物中心、酒店等，房地产开发类型定位就是要确定项目将要开发成哪种类型的物业。房地产开发类型定位需要以各种市场分析为基础，才有利于保障开发类型定位的准确性。

3. 档次定位

房地产项目的档次可以分为低档、中低档、中档、中高档、高档。房地产项目档次定位也就是确定项目的档次。房地产项目档次定位过高，容易造成曲高和寡；档次过低，则不容易形成良好的形象。

房地产项目的档次是由地产因子决定的。所谓地产因子，指的是一个建筑地块所具备的适宜建造某档次建筑的条件和质素，一个地块的地产因子决定了该地块适宜建造的建筑功能和档次，是其未来建筑价值之核心因素之一。在进行档次定位时，应考虑地块的地产因子，同时也要考虑不同档次、不同开发类型对地产因子的要求。

4. 目标客户群定位

房地产项目目标客户群定位是指根据项目自身的特征、品质为载体而进行的对目标接受人群以及购买对象的界定。对于一些非单一类型的房地产项目，应针对不同类型的物业确定各自的目标群体。在明确了项目的目标客户群后，应进一步明确目标客户群的具体构成，如细分主力客户、补充客户、潜在客户等。

与住宅项目不同的是，商业项目的客户群定位包括了投资者、经营者和消费者的定位。商业项目目标客户群定位中最重要的就是消费者客户群定位，它决定了经营者也最终影响了投资者。

5. 主题定位

房地产项目主题定位也就是确定项目的开发主题。例如，生态型小区是以生态为主题；奥林匹克花园是以运动为主题。房地产既是产品又是艺术。它倡导一种生活方式，销售一种无形资产，分享一种文化。通过对房地产项目进行主题定位，有利于使本项目与其他项目严格区分开来，使顾客明显感觉和认识到这种差别，从而在顾客心目中占有特殊的位置。

6. 案名定位

案名就是整个楼盘、或单个组团、或单栋楼宇的名称。主题定位是案名定位的基础，案名应该能体现项目的主题。案名不但要好听，便于记忆，最好还能与产品的特点、销售的定位结合为一体。

7. 形象定位

房地产项目形象定位首先承担着表现产品、告之信息和塑造形象的功能，最后达到促进销售的目的。形象定位就是确定房地产项目在人们心目中留下什么样的形象。当谈到本项目时，目标客户群会用什么样的形容词来形容本项目是房地产项目形象定位要解决的问题。

8. 功能定位

房地产项目功能定位就是解决项目具有什么功能的问题。房地产不等于土地加钢筋混凝土。功能可能是人们购买物业的第一利益所在。所以功能定位对房地产项目的去化起重要的促进作用。

对于住宅物业，其主要功能为居住。而对于商场，其基本功能是提供商品的零售服务，此外，还有餐饮、娱乐及其他休闲服务功能。

9. 产品定位

房地产项目产品定位就是要解决为目标客户群营造什么样的产品的问题，它为设计、工程部门提供设计、工程依据，产品定位主要是将产品的设计、生产环节与市场结合起来。产品定位直接导致产品是否适应市场（顾客）需求。

在进行产品定位时，需要考虑以下几个因素：

1）消费者对房地产项目的实际使用过程。

2）产品的每个部分是如何与消费者的行为相关联的。

3）在使用过程中，消费者的行为和心理的变化过程。

4）如何使消费者的使用达到最佳状态。

5）房地产产品构成要素和突破差异化的关键点。

10. 价格定位

房地产项目价格定位是确定项目的均价和价格趋势，具体到每单元的售价则待项目销售前再确定。

进行价格定位时，需要考虑以下几个因素：

1）定价要符合市场规律，物业综合素质高，其价格自然高，符合物业市场定位的价格，辅之以行之有效的销售策略，就容易取得良好的销售成绩。

2）定价要符合企业经营目标，比如生存目标、最大当期利润目标、最高销售率等。

3）定价要保持一定的竞争性，以利于项目在入市之初就能吸引客户关注，尽快抢占市场份额。

11. 品牌定位

品牌是指用来识别一个或一类商品或服务的名称、术语、记号、象征和设计等，包括品牌名称、品牌商标。房地产品牌可以是某一个楼盘，也可以是某一个企业，同时还可以两者合二为一。

品牌定位是造就名牌的基石。通过对房地产项目进行品牌定位，有利于在营销阶段实行品牌营销。

10.4　房地产销售策略

1. 销售策略和销售控制

（1）销售策略

销售策略是指根据影响实施销售计划的各种因素，如产品、价格、广告、渠道、促销等条件，从而制定达成销售目的之各种手段的最适组合。

（2）销售控制

销售控制就是控制销售，是指对顾客购买房屋的时间、速度、户型、楼层等进行引导控制。如果任由顾客挑选，就是没有控制。

1）销售控制中主推单元。

①户型朝向较差的单元。

②剩余货量较多的单元。

③楼层较偏的单元。

2）销售控制中保留单元。

①较为热卖的单元。

②楼盘的特色单元。

③楼层较好的单元。

④剩余货量较少的单元。

⑤价格较低的单元。

2.促销和销售促进

（1）促销

广义上的促销是指能刺激目标客户购买产品的各种市场营销活动，包括广告、人员推销、宣传、包装、公关和销售促进等内容。狭义上的促销是指销售促进。

（2）销售促进

销售促进（SP）是指在给定的时间和预算内，在某一目标市场中所采用的能够迅速产生激励作用，刺激需求，达成交易目的促销手段和措施。

3.内部认购

内部认购是指房地产开发企业在尚未获得《商品房预售许可证》之前，在小范围内推出内部认购的方式来推介商品房。内部认购的最重要前提是具有一定幅度的购房优惠承诺，优惠一般是比照"开盘价"而言的。如果按照目前房地产开发企业通行的"低开高走"的营销原则，内部认购价应该是该商品房销售过程中的"最低价"。在内部认购期间房地产开发企业只能收取可退回的诚意金而不能收取客户定金。

4.以租代售、返本销售和售后包租

（1）以租代售

以租代售是指将空置的商品房进行出租，并与租房者签订一个

合同，在合同期内买所租的房，房地产开发企业即以租房时的价格卖给租房者，而租房者在租房期内所交的房租，可以抵冲部分购房款，待租房者付清所有房款后，便获得该房的全部房产权；如果租房者在合同期限内不购房，则作退租处理，先期交纳的租金可以作为房地产开发企业收取的房租。

（2）返本销售

返本销售是指房地产开发企业以定期向买受人返还购房款的方式销售商品房的行为。

（3）售后包租

售后包租是指房地产开发企业以在一定期限内承租或者代为出租买受人所购该企业商品房的方式销售商品房的行为。

5. 价格走势策略

楼盘价格策略的制定一般来说有两种，一是低开高走，二是高开低走，这两种价格制定策略是针对不同的物业来制定的。

（1）低开高走

价格制定策略采用低开高走的楼盘，应分时间段制定出不断上升的价格走势，价格控制的原则为逐步走高，并留有升值空间，这样既能吸引投资，又能吸引消费。同时楼层差价的变化也并非是直线型的成比例变化，而是按心理需求曲线变化，它随着心理需求的变化呈不规则变化。以时间为基础根据不同的时间段进行时间控制，确定与之对应的销量和价格，并且围绕该时间段的诉求重点进行营销，从而掌握什么时间该控制什么，如何去控制，以产生协同效益。

（2）高开低走

高开低走属于撇脂定价模式，市场定位为需求弹性较小的高收入人群。它的特点是阶段性高额利润，速战速决地回收资金，其适用范围为实力信誉颇佳的大公司，有"新、奇、特"概念的高附加值的物业，如写字楼、商铺等就经常会采用这一战术。

6. 折扣策略

（1）低定价，低折扣

这种定价较为接近实际价格，给人的第一感觉是较为实际，即价格能够体现出价值，所含水分较少，容易给客户留下好印象。这一策略为后期销售留下较大的变化余地，当需要价格上调时，可直接标高定价，当原定价过高销售不利时，可不用直接调低定价，而只需加大折扣幅度就可以了。这种方式符合明升暗降的调价原则。

（2）高定价，低折扣

这种价格和折扣组合不易处理，当价格上扬时拉高原有的价格，显然会增加销售阻力，而销售不畅时，加大原有已经很大折扣幅度，效果并不明显，而且还会带来众多的负面影响，且违背明升暗降原则。

（3）中定价，中折扣

这是一种折中的销售控制组合，优缺点它兼而有之。

10.5 房地产广告

1. 房地产广告载体

（1）传统媒体广告

1）报纸广告（NP）。报纸广告分为以图片为主的硬性广告（简称硬广）和以文字为主的软性广告（软文），是房地产广告最常使用的载体。

2）杂志广告。杂志广告的内容与报纸广告的内容相类似。

3）电视广告（CF）。电视广告一般配合三维动画，将楼盘的优点和形象展示出来，但电视广告的投放费用较高。

4）广播广告（RD）。广播广告主要针对出租车乘车者、私家车主。

5）网络广告。网络广告内容可以多样化，可以作为网页形式，内容翔实，信息丰富，图文并茂，以激发客户潜在购买欲望为目的。

（2）宣传物料

1）直接邮寄广告（DM）。直接邮寄广告简称直邮，是对广告的散发方式而言的，被邮寄的可能是海报、说明书或类似的印刷品。直接邮寄广告也是房地产促销活动常有的形式。

2）销售海报。销售海报简称销海或海报，是商品现场销售的必备品，内容包括楼盘的全貌、户型图及文字说明，主要突出其商品的特点，内容丰富，供购房者做决策分析，研究参考。

海报的形式可以是单张单面、单张双面，还可以是几张折页相连。

3）夹报。夹报是全页海报广告做成报纸的形式，夹在报纸中被一起发行出去的传播载体。

4）售楼书。售楼书是有关房地产的详细介绍材料，这类材料通常由房地产开发企业或代理商直接寄送给那些对广告、邮寄宣传材料有反应的客户，或直接寄送给那些已知的对租买该房地产有兴趣的人。购房者也可以在房地产开发企业的售楼处得到售楼书。售楼书一般是请专业设计师设计的，印刷成精美考究的小册子，图文并茂，富于吸引力。

5）楼盘外观效果图。楼盘外观效果图是将各楼盘外观立面以美化写意的方式，从不同角度表达，广泛用于平面媒体或销售现场。

6）区域规划图。区域规划图主要反映的是楼盘周边的环境在近段时间内将要发生的改变，可让客户了解到这块地段将会带来的升值潜力。

7）交通动线图。交通动线图是对楼盘附近的街路布线、公交车线路及附近各生活机能的综合平面图，客户可以通过它了解房地产整个区域的环境情况及交通的方便性。

8）楼宇平面图。楼宇平面图是楼盘各层平面，特别是标准层平面的平面图，可以反映楼层平面各户型的组合和朝向等情况。

9）户型家具配置图。户型家具配置图是根据户型对其进行家具装饰的配置，以供购房者参考，更主要的目的是让购房者身临其境感受交付后的样子，帮助成交。

（3）销售点广告

1）销售点广告（POP）。销售点广告是指售楼部内外的包装和广告，以及样板房、销售通道包装和工地广告等。

2）现场广告牌。现在大多数房地产施工现场都树立一块或若干块广告牌来介绍正在施工的项目的情况。广告牌的内容通常包括项目规划图、位置图、项目介绍以及经过精心选择的具有宣传性的广告词。

3）样板房和示范单位。样板房和示范单位一般是以实际户型尺寸做成的带精装修或交楼标准的供看楼者体验真实入住美好生活场景的地方，以促使该种户型的销售。

4）模型。模型也称沙盘，分楼盘总规划模型、各期或各组团模型、楼盘在城市中的位置的区域模型，以及各户型模型。

模型就是依照某一实物的形状和结构按比例缩小（或放大）的仿制品。房地产模型给观看人提供俯瞰房地产全景的机会，同时精美的房地产模型广告是有诱惑力的。

（4）户外广告

1）公交车身广告。公交车身广告是房地产普遍采用的一种广告媒体形式，多为将楼盘的名称、外观效果图和主打广告语喷绘在车身上，以此扩大知名度。

2）罗马旗。罗马旗也称道旗，是指销售中心内外，或沿街飘挂的宣传旗帜。其上可印有外观效果图及代表性的标志或字样，罗马旗多挂于销售中心的街路边，不但有宣传作用，也可用于引导客户至售楼处。

2. 房地产广告策划

房地产广告策划是对广告的整体战略与策略的运筹规划，是对于提出广告策划、实施广告策划、检验广告决策全过程做预先的考虑和设想。房地产项目广告策划的内容主要包括：

（1）广告目标确定

房地产广告目标确定是指房地产广告在一定的时间内，对特定的目标消费者所要完成的沟通任务和销售目标。

（2）项目广告受众分析

房地产项目广告受众分析是指对目标客户群的性格特征、购买动机、信息来源和阅读习惯等信息的分析。

（3）项目卖点提炼

房地产项目的卖点来自于项目的优势，但并不是所有的优势都可以成为项目的卖点，只有那些对广告受众起吸引作用的优势才可以成为项目的卖点。

（4）项目诉求点确定

房地产项目诉求点确定也就是要确定告诉目标客户群的内容。房地产项目的诉求点一般为项目的卖点，但那并不是把所有的卖点都作为诉求点，而是根据目标客户的喜好和竞争对手的推广策略有所侧重地进行诉求选择。

（5）项目广告主题确定

房地产项目广告主题确定是指在确定了房地产项目的诉求点后，针对这些诉求点制定相应的广告主题，从而安排这些广告主题在各种媒体形式的广告中出现。

（6）项目广告语创作

房地产项目的广告语分主题广告语和非主题广告语。一般来说，主题广告语只有一个，它贯穿于整个推广过程。而非主题广告语有多个，它们被使用到各个推广阶段中去。

（7）项目广告策略制定

房地产项目的广告策略分为广告设计策略和广告投放策略。广告设计策略是针对广告设计而制定的策略，涉及广告诉求、广告主题、广告表现等方面，而广告投放策略是针对房地产项目广告投放而制定的策略。

（8）项目广告创意表现

广告创意是指通过大胆新奇的手法来创造与众不同的视听效果，最大限度地吸引消费者，从而达到品牌声浪传播与产品营销的目的。

（9）项目广告文案撰写

房地产项目广告文案撰写是指在确定项目的广告创意表现后，根据创意表现来撰写广告文案，具体包括报纸广告、电视广告、广告牌广告、楼书、招商手册、投资手册等。

（10）项目广告设计

房地产项目广告设计包括对电视广告、报纸广告、电台广告、户外广告、VI系统、工地形象、售楼部形象、样板间、导视系统、销售工具等所有对房地产项目有宣传效果的任何事物进行设计。

（11）项目广告制作

房地产项目广告制作是指在广告文案和广告设计完成后，根据这两部分对广告进行制作，一般由制作公司按策划人员的想法去制作。

（12）项目广告效果评估

广告效果从两个方面来反映，一是广告创意、设计、表达的内容、表现的卖点等总体表现出的效果；二是广告各媒体的效果。常用的广告效果评估方法有现场观察法和问卷法。

现场观察法是指广告发布后，评估人员及时到售楼处或展销会现场，通过观察及与售楼人员的沟通了解看楼人员的基本情况，人数的变化及他们所关心的问题，对广告效果和策略作客观的评估和及时的调整。

问卷法是指在开盘或展销会期间，选择看楼人员密集的时段用设计好的问卷方式对潜在消费者作调研，以便于科学地分析和把握消费者的心态，测算广告信息的到达率。